AF464318

PROJETS

DE

TRENTE FONTAINES.

PROJETS

DE

TRENTE FONTAINES

POUR L'EMBELLISSEMENT

DE LA VILLE DE PARIS

PAR A. L. LUSSON

ARCHITECTE DES TRAVAUX PUBLICS,

ANCIEN COMMISSAIRE VOYER DE 1RE CLASSE DE LA VILLE DE PARIS,

AUTEUR DES OUVRAGES INTITULÉS :

MONUMENTS ANTIQUES ET MODERNES DE LA SICILE,

PALAIS ET MAISONS DE NAPLES, ETC., ETC.

PARIS

A. L. LUSSON, ARCHITECTE,

RUE DES SAINTS-PÈRES, 13.

BANCE AINÉ, Md D'ESTAMPES, RUE SAINT-DENIS, 214.

CARILLAN-GOEURY, LIBRAIRE, QUAI DES AUGUSTINS, 41.

IMPRIMERIE DE E. DUVERGER, RUE DE VERNEUIL, 4.

1835

INTRODUCTION.

L'EAU est sans contredit le besoin le plus impérieux des grandes cités. Vainement, en s'établissant sur les bords des fleuves ou des rivières, les hommes ont cru se mettre à l'abri de toute privation d'un fluide aussi indispensable à la vie; nous voyons que, dans l'antiquité comme de nos jours, des moyens artificiels ont dû être employés pour amener de lieux plus élevés et distribuer dans les hauts quartiers des villes l'eau nécessaire à leur bien-être. Aussi, de tout temps, la conduite des eaux a-t-elle excité toute la sollicitude des gouvernements. Les monuments affectés à leur conservation, à leur écoulement, d'abord simples dans leur formes, dans leurs combinaisons, parurent bientôt dignes des ornements de la sculpture et de l'architecture; on a vu ensuite s'élever chez les nations policées des châteaux d'eaux, des bains, des thermes somptueux, des nymphées, des fontaines monumentales; enfin l'expérience, l'art et l'industrie se sont réunis pour multiplier à l'infini, et offrir, sous mille aspects divers, les bienfaits de cet élément. Répandue à grands flots, en cascades, en nappes, en jets isolés ou formant gerbe, ou s'échappant du centre de vasques superposées qui en multiplient le volume, l'eau a pour effet de tempérer la chaleur de l'été, d'assainir l'air, de charmer les yeux, en même temps qu'elle satisfait à toutes les exigences de la vie. On a beaucoup parlé des travaux hydrauliques de l'antiquité, mais aucun peuple ancien n'a égalé les Romains dans ce genre d'établissement. J'ai pu dans mes voyages, surtout en Italie, en acquérir la conviction par la vue des magnifiques débris que le temps et la barbarie ont respectés; ils rappellent au souvenir ces aquéducs sans nombre qui, tantôt construits sous terre, tantôt élevés sur des arcades, apportaient à Rome, à des distances prodigieuses, des masses d'eau de sources, de rivières, d'étangs, dont la récapitulation ne donne pas moins de 41,000 pouces de fontainier pour 24 heures, dix fois ce que Paris possède aujourd'hui [1]. Ces eaux ne se bornaient pas à alimenter de nombreuses fontaines coulant nuit et jour, elles entretenaient encore des bains, des thermes, des piscines, des naumachies, etc., monuments gigantesques qui répondaient, par leur magnificence et leur solidité, à la grandeur, à l'utilité de leur destination, et qui, après douze siècles d'abandon et de dévastation, donnent encore aujourd'hui une si haute idée de la puissance et du génie des peuples qui les élevèrent.

Le spectacle imposant qu'offrent les seules fontaines de Rome moderne aurait dû peut-être me détourner du projet de publier mes dessins; je l'eusse fait si l'étude de ces mêmes

(1) Le pouce d'eau, coulant avec une vitesse moyenne, donne, en vingt-quatre heures, 72 muids, environ 20 mètres cubes ou 200 hectolitres.

monuments ne m'avait démontré qu'il était encore possible d'arriver à de nouvelles formes, à de novelles combinaisons, tout en utilisant nos matériaux et nos fontes de fer et de bronze, et sans sortir du goût dont ils nous offrent de précieux exemples.

Maintenant que les eaux de l'Ourcq, réunies à celles d'Arcueil, de Saint-Gervais, de Belleville, de Chaillot, du Gros-Caillou et de plusieurs autres pompes, donnent une quantité suffisante pour qu'après avoir satisfait aux besoins d'utilité publique elle puisse enfin fournir aux embellissements de la capitale, il m'a semblé qu'un recueil de motifs variés de fontaines, riches de composition et d'effets, ne serait pas sans intérêt, peut-être même sans utilité.

Ces projets, que je soumets à la sanction publique, sont étudiés de manière à pouvoir être exécutés soit en pierre, soit en marbre, soit en bronze, soit en fonte de fer. Ce dernier mode d'exécution, économique en lui-même, a l'avantage bien précieux de permettre l'emploi des plus belles formes de la sculpture et de pouvoir être garanti de l'action corrodante de l'eau, dans de certains cas, par l'application d'un vernis préservateur. Chez nous un tel système de construction doit d'autant plus prendre faveur que la nature de notre climat et celle des matériaux dont nous pouvons disposer sont loin d'être favorables à la durée des monuments; on en trouve la preuve dans la fontaine de la place Saint-George à Paris, récemment exécutée en marbre, car elle a déjà subi plusieurs restaurations devenues nécessaires par les effets de la gelée. En Italie, en Sicile, en Espagne, où l'air est assez généralement sec et serein et la température douce, il en est autrement; là j'ai vu les fontaines construites en marbre depuis des siècles, elles sont encore intactes, et leur couleur est à peine altérée.

Déjà les Anglais et les Allemands ont fait une heureuse application de la fonte de fer à la construction et à la décoration de leurs monuments publics et particuliers; imitons leur exemple, nous y trouverons économie et durée. Des expériences et des essais que j'ai faits avec MM. Calla père et fils, habiles fondeurs et mécaniciens, à l'occasion des fontaines ornées de statues de ronde-bosse que je devais faire exécuter pour la ville de Paris et dont je joins les plans à ce recueil, nous ont fourni la preuve que le même ouvrage, soit de statue, soit d'ornement, était de cinquante pour cent meilleur marché en fonte de fer qu'en bronze, sans rien ôter à la perfection. Cette différence vient de ce que le fer fondu étant beaucoup plus fluide que le bronze, il a l'avantage de mieux se couler et de nécessiter très peu de réparage, tandis que le bronze, sujet aux soufflures, en exige beaucoup. La Vénus accroupie, statue antique de 4 pieds 6 pouces de proportion, moulée sur un plâtre du musée royal et coulée en fer, ne revient qu'à trois cents francs, lorsqu'en bronze elle coûterait deux fois autant, sans compter la différence du prix de la matière première. Outre l'avantage de l'économie, le fer fondu offre celui bien précieux de ne point exciter la cupidité, et de mettre, par cela seul, le monument à l'abri des dévastations et du pillage dans ces temps de révolution où le peuple se venge sur les objets inanimés des outrages qu'il croit avoir reçu de son gouvernement.

M. le comte Chabrol de Volvic, ancien préfet du département de la Seine, dont la mémoire se perpétuera avec les nombreux établissements d'utilité publique de la capitale élevés par ses soins, avait conçu le projet de faire distribuer les eaux du canal de l'Ourcq et de la Seine dans toutes les maisons de la ville, même dans celles des quartiers les plus élevés. Des hommes de l'art avaient reçu de ce magistrat la mission d'aller étudier en Angleterre le système en usage pour la distribution des eaux, tant à Londres que dans les autres grandes villes des Trois-Royaumes, afin d'améliorer celui dont il voulait doter Paris. Déjà les bases de son travail étaient adoptées par le Conseil municipal, lorsque des circonstances, qu'il est inutile de rappeler ici, ont entravé cette grande et utile entreprise; il faut croire que son exécution est confiée à l'avenir; elle se réduit aujourd'hui à des bornes-fontaines dont les eaux, coulant une partie de la journée, assainissent les rues de Paris, en même temps quelles facilitent le lavage de ses égoûts.

Malgré l'addition d'un certain nombre de fontaines monumentales à celles déjà existantes, et la répartition, dans les quartiers populeux, de trois cent soixante-seize bornes-fontaines, il s'en faut encore que les besoins de la capitale soient complètement satisfaits. Pour l'assainir, pour la rendre moins accessible au fléau du choléra qui l'a décimée, il lui faudrait un bien plus grand nombre de cours d'eaux, et qu'ils fussent surtout bien autrement fournis. Mais si l'on voulait faire rivaliser Paris, sous le rapport de l'abondance de l'eau, non avec Rome antique, qui en avait à sa disposition 40,900 pouces, mais avec Rome moderne qui en a encore 7,500, il faudrait ou livrer complètement à ses besoins journaliers les eaux de l'Ourcq, ou mettre à exécution les projets de dérivation abandonnés des rivières de l'Yvette, de la Beuvronne et de la Bièvre, ou suppléer à l'absence de leur produit par l'établissement de machines hydrauliques, de pompes à feu, de puits artésiens, en un mot par tous les moyens que la nature et l'art mettent à la disposition du génie de l'homme. On voit que je m'abstiens de comparer Paris à Rome sous le rapport monumental de ses fontaines;

sur ce point il n'y aurait aucun parallèle possible. Excepté la fontaine des Innocents, élevée par Jean Goujon, aujourd'hui animée et complétée par un volume d'eau suffisant, et quelques autres fontaines modernes abondamment pourvues, parmi lesquelles il faut citer, comme l'une des plus capitales, celle du boulevard Bondy, la plupart des autres ne sont que de petits édifices d'architecture encastrés dans les maisons particulières et alimentés par un mince filet d'eau.

Par mes études et mes voyages j'ai acquis la conviction que, de tous les monuments employés à répandre l'eau dans les grandes villes, les fontaines jaillissantes et à vasques sont encore celles dont l'aspect est le plus agréable, qui annoncent mieux l'objet de leur destination, et peuvent être amenées à peu de frais et sans une trop grande déperdition du fluide, à produire beaucoup d'effet.

L'eau étant loin d'être abondante à Paris, et mes projets ayant été conçus à l'époque où le corps municipal s'occupait du soin d'enrichir cette ville d'un nombre de nouvelles fontaines, j'ai dû considérer l'économie de l'eau comme donnée première de mes programmes; et bien que plusieurs de mes compositions puissent paraître d'une très grande magnificence par leur propre aspect et les ornements qui les enrichissent, elles dépassent rarement cependant les bornes que j'ai dû me prescrire. En leur donnant une certaine richesse d'ornement, j'ai eu en vue aussi de leur conserver un effet indépendant du volume d'eau qui les doit animer, afin que, dans les saisons où la plupart de nos fontaines sont à sec, elles ne cessent pas d'être pour la capitale des monuments utiles et contribuent à son embellissement.

On remarquera peut-être que je me suis abstenu presque toujours de l'emploi des ordres d'architecture; la raison en est qu'ils me semblent en général trop sévères pour des monuments qui demandent avant tout de la grace et du mouvement. Je suis loin de vouloir blâmer ce qui a été fait en ce genre par mes devanciers, et de prétendre donner mes projets pour des règles d'enseignements; mais j'ai dû faire connaître le but que je m'étais proposé, afin de motiver le parti pris, parfois un peu uniforme peut-être, qui règne dans mes compositions, et les recommander à la bienveillance publique comme à l'attention des autorités chargées de l'embellissement de Paris et des autres villes riches et populeuses de la France.

Avant de passer à l'explication des planches où mes projets sont gravés, je vais offrir un tableau succinct des établissements hydrauliques formés successivement, depuis l'invasion des Romains jusqu'à nos jours, pour alimenter Paris d'eau et répartir ce fluide dans ses différents quartiers, afin de faire apprécier l'extrême pénurie dans laquelle cette antique cité a langui dans le cours de tant de siècles, par rapport à son étendue et à sa population toujours croissante.

TABLEAU

HISTORIQUE

DES EAUX DE PARIS

ET

DE LEUR DISTRIBUTION.

TANT que Paris resta renfermé dans les deux bras de la Seine qui forment l'île de la Cité, l'eau du fleuve suffisait aux besoins de ses habitants; mais lorsque les Romains l'eurent fait sortir de ses premières limites, et triplé sa superficie en y réunissant plusieurs bourgs environnants, qui portèrent à 113 arpents les 44 de sa première enceinte, il devint nécessaire d'amener l'eau des plateaux élevés qui la dominent, pour alimenter plusieurs de ses quartiers. Alors fut construit, vers 357, par l'empereur Julien, l'aquéduc d'Arcueil, qui amenait au Palais des Thermes les eaux de Rungis. Au IXe siècle ce premier aquéduc fut ruiné par les Normands, aussi bien que cette partie de la ville qui occupait le mont *Lucotitius,* aujourd'hui Sainte-Geneviève, et les nombreuses habitations qui s'étendaient, à droite de la Seine, depuis où est notre Pont-au-Change jusqu'à la Grève.

Les deux aquéducs souterrains des Prés-Saint-Gervais et

de Belleville remontent aussi à une antiquité reculée. L'un fut construit au VIe siècle par les moines de l'abbaye de Saint-Laurent, l'autre, au IXe siècle, par ceux de Saint-Martin-des-Champs, pour les besoins de leur monastère et des nombreuses populations qui s'étaient établies auprès d'eux. Quand Philippe-Auguste, de 1190 à 1211, eut réuni dans une même enceinte les bourgs Saint-Germain-l'Auxerrois, l'Abbé, Thiboust, Beaubourg, situés au nord, et celui de Sainte-Geneviève, au midi, la ville offrait alors une superficie de 739 arpents et une population d'environ 28,000 ames, et les quatre quartiers primitifs dits la Cité, Saint-Jacques-la-Boucherie, Saint-Avoye, la Grève, se trouvèrent augmentés de ceux de Saint-Opportune, Saint-Germain l'Auxerrois, Saint-André-des-Arts, de la place Maubert. On voit, par la position de ces divers quartiers sur les confins de la Seine, que le besoin d'eau amenée de loin n'était pas encore impérieux, et qu'ainsi les fontaines publiques ne durent pas être nombreuses. On en compte néanmoins trois dues à la munificence du prince : celle Maubuée, dont le nom indique une eau peu propre au lavage du linge, celle des Halles, celle des Innocents, devenue si célèbre après que, trois cents ans plus tard, Lescot et J. Goujon l'eurent reconstruite et embellie. La première était alimentée par les eaux de Belleville; les deux autres par celle de la fontaine Saint-Lazare, c'est-à-dire des Prés-Saint-Gervais.

En 1367, date de l'enceinte de Charles VI, qui réunit à la ville les huit quartiers de Saint-Antoine, de Saint-Paul, du Temple, de Saint-Martin, de Saint-Denis, des Halles, de Saint-Eustache, de Saint-Honoré, il en dut être autrement; une superficie de 1,284 arpents, qui contenait 50,000 hommes en état de porter les armes, ce qui suppose une population de 150,000 à 200,000 ames, parmi lesquels on comptait

5,955 imposés, c'est-à-dire chefs de famille, car les deux tiers des habitants étaient exempts d'impôts, ne pouvait plus être alimentée d'eau par la Seine seulement. On peut donc reporter à cette époque de l'histoire de Paris, l'érection des fontaines de la rue Salle-au-Comte, qui a long-temps porté le nom de Henry de Marle, chancelier de France sous Charles VI, de celles Saint-Avoye, de la rue Bar-du-Bec, de la Porte-Beaudoyer, de Saint-Julien, qui étaient alimentées par les eaux de Belleville, et celles des Cinq-Diamants, du Ponceau, de la Trinité, de la Reine, rue Grenéta, qui l'étaient des Prés-Saint-Gervais. Cette conjecture prendra le caractère de la vérité aux yeux de ceux qui savent que les registres de la ville de Paris, tenus régulièrement à partir du 25 octobre 1499, ne parlent de la fondation d'aucun de ces divers monuments hydrauliques. Aux douze fontaines de l'intérieur de la ville déjà citées, si l'on ajoute celles des Lazaristes, des Filles-Dieu, des Frères-Saint-Laurent, de Saint-Maur, alors hors de l'enceinte, on aura seize fontaines alimentées par les seules eaux de Belleville et des Prés-Saint-Gervais. Maintenant, si l'on admet que le service des maisons royales, celui des concessions particulières, accordées, soit par les moines, soit par le prince, à divers seigneurs et grands dignitaires, à des communautés religieuses, à de riches particuliers, ait pu absorber la moitié de l'eau donnée par les deux aquéducs, on arrivera naturellement à cette conséquence que, des 20 pouces d'eau qu'ils produisaient alors, comme aujourd'hui sans doute, 10 pouces seulement étaient répartis entre les seize fontaines destinées à l'approvisionnement d'une population de trois cent mille ames. Cette évaluation de la population de Paris, toute problématique qu'elle puisse paraître, repose sur un document digne de foi, fourni par les historiens du temps qui s'accordent à dire qu'à la revue passée par Louis XI, en 1474, des Parisiens en armes, c'est-à-dire des hommes de 16 à 60 ans, l'effectif était de 80 à 100,000. Or le pouce de fontainier, qu'on suppose donner 72 muids en 24 heures, étant la quantité nécessaire à la consommation de 1,000 habitants, sans qu'il y ait rien de donné au luxe ni à la propreté, on peut juger de la pénurie dans laquelle fut tenue cette partie de la ville qui était trop éloignée du fleuve pour pouvoir y aller puiser l'eau nécessaire à ses besoins. Pendant longues années, les paroisses Saint-Nicolas-des-Champs et Saint-Merry, qui ensemble ne comptaient pas moins de 10,000 ames, et celle de Saint-Eustache, dont la population, dès 1313, s'élevait à elle seule à près de 8,000 ames, durent se suffire chacune avec une fontaine qui répandait à peine un pouce d'eau. Aussi cet état de choses occasionna-t-il à diverses époques des plaintes tellement énergiques, que les rois durent interposer leur autorité pour les faire cesser, en révoquant, ou limitant du moins, les concessions d'eau faites à des particuliers. Comme il en est de tous les abus qui tendent à renaître d'eux-mêmes, celui-ci se renouvela constamment; gagnait-on quelques pouces d'un côté, la faveur du prince ou des magistrats en disposait de l'autre. Plus d'une fois on augmenta le nombre des fontaines; mais la masse d'eau à répartir restant la même, on ne subvenait pas à tous les besoins. Ainsi les fontaines de Birague, rue Saint-Antoine, élevées aux frais du cardinal de ce nom, en 1579; celle du Palais-de-Justice, érigée en 1606 par F. Miron, la première que l'on ait vue dans la Cité, ne furent des bienfaits que parce qu'elles diminuaient le trajet du transport de l'eau à bras, et non parce qu'elles augmentaient cette ressource des classes inférieures. Il est donc constant que le Paris de François Ier, augmenté de 130 arpents en superficie et de 100,000 ames en population sur celui de Charles VI, dut vivre avec une quantité d'eau égale à celle déjà insuffisante des règnes précédents. Comme ses prédécesseurs, François Ier fonda plusieurs fontaines; celle de la Croix-du-Trahoir, dite de l'Arbre-Sec, fut érigée pour la première fois en 1529, on la reconstruisit en 1636, et, de nouveau, en 1776; elle tirait ses eaux du réservoir des Halles. Sous Henri IV, les Parisiens éprouvèrent une véritable amélioration dans la répartition des eaux. L'abus des concessions particulières fut réprimé, et la construction, en 1608, de la machine hydraulique du Pont-Neuf, destinée à l'approvisionnement du Louvre et des Tuileries, jusqu'alors alimentés par les eaux des aquéducs, permit de rendre plus abondante la distribution aux fontaines publiques. Constamment occupé du bien-être de sa bonne ville, ce généreux prince voulut faire relever l'aquéduc de Julien, afin que les eaux de Rungis vinssent de nouveau pourvoir aux besoins des Parisiens; mais une main fanatique, en privant la France du meilleur de ses rois, laissa à Marie de Médicis le soin d'exécuter ce projet. L'aquéduc d'Arcueil fut construit de 1612 à 1624, autant pour l'usage du palais du Luxembourg, bâti pour cette princesse, que pour les besoins de la partie de la ville située au midi, qui jusque là avait été privée de fontaines. On en compta bientôt quatorze, répandant chacune un pouce d'eau; elles furent réparties à la place de Grève, à la place Royale, au Parvis-Notre-Dame, rue de Bussy, porte Saint-Michel, rue Saint-Victor, carrefour Saint-Séverin, cour du Palais-de-Justice, au pont Saint-Michel, à Saint-Benoît, à Saint-Côme, à Notre-

Dame-des-Champs, à la Croix-des-Carmes, et carrefour Sainte-Geneviève. L'aquéduc amenant environ 30 pouces d'eau dans les temps moyens, non-seulement le service des fontaines que nous venons de mentionner fut régulièrement assuré, mais encore celui du château de la Reine et d'un grand nombre de concessions faites à des communautés religieuses et à de riches particuliers. Quoi qu'il en soit, les avantages procurés par l'aquéduc d'Arcueil étaient encore loin de répondre aux besoins d'une population toujours croissante; la superficie de la ville, qui, sous Henri IV, en 1595, était de 1,660 arpents, et la population de 400,000 ames, se trouva être de 3,228 arpents et 510,000 ames sous Louis XIV, en 1605, et de 3,919 arpents et 580,000 ames, en 1728, date de l'enceinte tracée sous Louis XV.

Divers établissements hydrauliques à l'instar de la machine du Pont-Neuf furent proposés pendant cette période de l'histoire de Paris; de ceux adoptés, il n'y eut d'exécuté que les deux machines du Pont-Notre-Dame, conçues l'une par Jolly, l'autre par Jacques Demance, et construites au même instant, en 1671; elles produisirent à elles seules autant que toutes les conduites précédentes. On en profita pour porter à un pouce le mince filet d'eau auquel il avait fallu limiter les fontaines publiques, et les quinze suivantes furent élevées presque au même instant à la place du Palais-Royal, aux Petits-Pères, près les Capucins de la rue Saint-Honoré, rue de Richelieu, rue des Cordeliers, près la Charité, au couvent des Carmélites, place Dauphine, devant la Bastille, rue Boucherat, rue Saint-Louis, à l'angle formé par les rues de Poitou et du Temple, et une au bas de la rue Saint-Martin. Les hauts quartiers du midi durent à cette munificence de Louis XIV deux fontaines publiques, l'une à l'angle arrondi des rues Pot-de-Fer et Mouffetard, l'autre au coin des rues Saint-Victor et de Seine; la plupart furent décorées de sculptures et de tables de marbre, sur lesquelles on grava des distiques latins composés par Santeul, et qui sont restés célèbres. L'état de demi-prospérité dans lequel se trouva la ville ne dura qu'un moment; l'imperfection des machines, qu'il fallait souvent réparer en suspendant leur fonction, et que la baisse ou l'augmentation des eaux du fleuve paralysaient à leur tour selon les saisons, rendaient de plus en plus incertaine et problématique la distribution journalière aux fontaines publiques; on vit qu'il fallait avoir recours à d'autres moyens d'assurer le service. De 1689 à 1706, plusieurs savants proposèrent des projets aux autorités administratives; un seul reçut leur sanction; ce fut celui de la machine hydraulique qui exista au pont de la Tournelle de 1695 à 1707. Les machines à peu près semblables qui devaient être placées, l'une au Pont-Royal, l'autre dans un des pavillons de l'Arsenal, furent abandonnées, et l'on se borna à reconstruire et perfectionner les pompes du Pont-Notre-Dame.

De 1706 à 1737, les eaux de Paris éprouvèrent peu de changements; le nombre des fontaines augmenta de dix-sept qui furent élevées : celle de Louis-le-Grand, près le carrefour Saint-Augustin, en 1707; celle d'Antin en 1712 (elle vient d'être réédifiée sur les dessins de Visconti); celle de l'encoignure des rues Saint-Martin et du Vertbois aussi en 1712; celle de Desmarets, au haut de la rue Montmartre, en 1715, ainsi qu'une autre rue Colbert; celles de la rue Garencière et de l'Abbaye-Saint-Germain, en 1716; celle du marché Saint-Jean, en 1717, ainsi que celle de Vendôme, vis-à-vis la rue Meslay; celle de Chaudron, faubourg Saint-Martin en 1718; celle des Blancs-

Manteaux, en 1719, en même temps que le Château-d'Eau de la place du Palais-Royal; enfin les cinq que, le 1er juin de cette même année 1719, il fut arrêté, dans le conseil présidé par le roi, que l'on élèverait dans le faubourg Saint-Antoine qui n'en avait encore aucune. Ces cinq fontaines sont celles Basfrois, Trogneux, de la Petite-Halle, du coin de la rue des Tournelles, et une rue de Charenton, près les Anglaises. Le manque de moyens de les alimenter fit différer leur construction; du moins, en 1724, trois seulement étaient alors livrées au public. Vers cette même époque on refit ou répara quelques-unes des anciennes fontaines qui menaçaient ruine, entre autres, celle dite de Sainte-Catherine, en 1707, et celle Maubuée, rue Saint-Martin, en 1734; toutefois la masse d'eau destinée aux besoins des habitants resta la même, quoique la ville se fût singulièrement accrue en superficie et en population. Sous Louis XIV, comme on l'a dit, son enceinte renfermait 3,228 arpents et l'on évaluait le nombre de ses habitants à 510,000 ames. Pour le strict besoin d'une telle ville, il aurait fallu 510 pouces d'eau et toutes les ressources en produisaient à peine 100. Cette pénurie devint plus grande encore par l'emploi qu'on dut faire, en 1737, des eaux de Belleville au lavage d'un grand égoût qui traversait les marais du Temple, les faubourgs Saint-Denis, Montmartre, la Chaussée-d'Antin, la Ville-l'Evêque, les Champs-Élysées, etc., etc., et recevait sur son passage les cloaques de la plupart des autres quartiers de la ville. Cet égoût répandait une odeur si infecte que déjà, cent ans auparavant, le roi s'était vu obligé d'abandonner le Palais des Tournelles pour aller habiter les Tuileries. Il fallut suppléer à cette privation des eaux de Belleville par de nouvelles machines propres à tirer de la Seine de nouvelles ressources ; c'est alors que Bellidor perfectionna les pompes du Pont-Notre-Dame, qui, de 80 pouces qu'elles avaient fourni, étaient réduites à n'en plus donner que 27 ; ce savant ingénieur parvint à rendre, pendant quelque temps, leur produit journalier de 150 pouces. Parmi les nombreux projets présentés à cette époque aux magistrats de la ville pour augmenter le bienfait du lavage des égoûts, celui d'une pompe à feu, au moyen de laquelle on promettait de faire arriver 300 pouces d'eau de la Seine sur la place de l'Estrapade, mérita d'être distingué; mais le système des machines à vapeur était trop peu connu encore pour être mis cette fois à l'épreuve ; on n'ordonna pas même la construction d'une autre machine qui devait donner un semblable résultat au moyen d'un manége mû par des animaux. Ainsi, la disette d'eau resta la même; elle s'accrut même par suite du dépérissement des machines de Bellidor et l'augmentation de la population, qui était alors (1761) de près de 600,000 ames. Il s'ensuit donc que les fontaines érigées sous Louis XV et sur lesquelles se trouvent recommandés à la reconnaissance publique les magistrats qui les firent élever, comme dans d'autres temps, ne furent pas de véritables bienfaits. Les fontaines de cette époque sont celles de la rue de Grenelle-Saint-Germain, élevée en 1739, de la Halle aux Blés, en 1765, de la place Cambray et des Audriettes, en 1770.

Pour assurer le service public devenu de plus en plus précaire, M. de Parcieux proposa, dans un mémoire lu à l'Académie le 13 novembre 1762, d'amener à Paris les eaux de l'Yvette; la dépense d'une telle entreprise la fit rejeter. La question des pompes à feu, agitée de nouveau par M. d'Auxiron en 1769, fut soutenue par Lavoisier en 1771, mais sans qu'il s'ensuivît aucune détermination. Enfin arriva la compagnie Perrier, qui, en 1777, leva tous les doutes, aplanit toutes les difficultés par l'établissement, à ses frais, des pompes à feu de Chaillot et du Gros-Caillou, qui fournissent régulièrement à elles seules 320 pouces d'eau, environ le double de ce que tous les moyens employés jusqu'alors, à grands frais et d'une manière si peu assurée, avaient jamais pu donner.

Afin de distribuer ces eaux nouvelles dans la ville que Louis XV venait de faire clore d'une muraille, qui englobait dans son enceinte 3,919 arpents, 23,565 maisons et 500,000 ames, on pourrait croire qu'un grand nombre de fontaines publiques auraient dû être érigées; mais sous ce rapport l'état des choses resta le même; ces eaux étant le fruit d'une spéculation particulière, elles furent vendues pouce à pouce à des concessionnaires. Les quatre premières fontaines marchandes, dites à tonneaux, établies par la compagnie Perrier, datent de 1782, ce sont celles de la Porte-Saint-Honoré, de la Chaussée-d'Antin, de la Porte-Saint-Denis, de l'entrée de la rue du Temple; un peu plus tard, lorsque la Pompe à Feu du Gros-Caillou fonctionna, l'on établit dans le quartier Saint-Germain deux autres fontaines semblables, l'une rue de l'Université, et l'autre rue de Sèvres. Les dépenses de l'établissement de ces pompes et de leurs conduits souterrains ayant dépassé toutes les prévisions, et le produit de la vente publique, réuni à celui des concessions à domicile, ne pouvant suffire aux engagements contractés par la compagnie, les actionnaires se pressèrent de trafiquer et de se défaire de leurs titres qui, par un fait assez difficile à expliquer aujourd'hui, vinrent s'amonceler au trésor royal. C'est ainsi que le gouvernement se vit en peu de temps propriétaire unique d'une entreprise que lui seul pouvait soutenir et faire prospérer.

L'abondance d'eau potable étant désormais assurée pour la grande cité par les 466 pouces du produit moyen de toutes ses ressources hydrauliques, mais non celle qui aurait dû pourvoir à sa salubrité en lavant ses rues, ses places, ses marchés, ses égoûts, et procurer à ses habitants des bains, des lavoirs, des abreuvoirs publics, fournir aux besoins de son industrie manufacturière et permettre enfin de donner quelque chose au luxe, de 1782 à 1786, M. Defer de la Nouerre renouvela ses démarches pour obtenir la permission d'amener à Paris les eaux de l'Yvette et de la Bièvre. Il y fut autorisé en 1787; mais la Ville l'ayant abandonné à ses seuls moyens et s'étant abstenue de le soutenir contre les prétentions exagérées des propriétaires des terrains que le canal devait traverser, il dut renoncer à sa spéculation, après qu'un commencement d'exécution l'eut mis à découvert de 250,000 francs. Peu après, en 1791, l'Assemblée Constituante adopta le projet, déjà exposé à l'Académie des Sciences, en 1785, par Brullé, d'amener à Paris, par un canal navigable, les eaux de la Beuvronne, augmentées d'une partie de celles de la Marne, à laquelle on faisait une saignée à peu de distance de Lysy. Adopté, mais ajourné comme tant d'autres par la difficulté d'exécution, ce projet eut au moins le mérite d'éclairer la question lorsqu'il s'agit de prendre une détermination à l'égard du canal de l'Ourcq qui lui a succédé, et dont l'exécution, quoique incomplète, fournit enfin à la ville de Paris une masse d'eau d'une véritable importance.

Suivant ce projet, présenté au Premier Consul, en 1800, par MM. Solages et Bossu, il était question de dériver de la Beuvronne, de la Thérouenne et de l'Ourcq un volume d'eau de 120,000 kilolitres (6250 pouces), dont une moitié aurait été distribuée dans Paris et l'autre moitié employée à alimenter un canal de navigation de Paris à Pontoise. Deux ans après rien n'était encore résolu; on se demanda même s'il ne conviendrait pas de se borner à la dérivation de la Beuvronne par un aquéduc fermé qui aurait amené 30,000 kilolitres en 24 heures; mais des travaux de nivellement réitérés, dirigés par M. Bruyère, ingénieur, ayant démontré que l'eau de l'Ourcq prise à Crouy, au lieu de l'être à Lysy, pourrait arriver au bassin de la Villette, le Corps Législatif rendit en mai 1802 le décret d'exécution du canal. Le plan de MM. Solages et Bossu, indiqué ci-dessus, éprouva toutefois plus d'une modification : l'eau de la rivière de l'Ourcq dut être prise au-dessus du moulin de Mareuil, à 18 kilomètres de son embouchure dans la Marne; on se proposait d'y joindre les eaux de la Colliance, du ruisseau de May, de la Thérouenne, de la Beuvronne, devant produire ensemble, dans les plus basses eaux, 13,500 pouces de fontainier, et cette masse devait arriver au bassin de la Villette, dont l'élévation est de 27 mètres audessus de l'étiage de la Seine, par un canal de 93,922 mètres de développement et de 10 mètres environ de pente totale. Ce projet, digne par son importance et son utilité du règne qui l'a vu éclore, et que la volonté ferme et inébranlable de l'homme qui ne recula jamais devant la difficulté aurait pu faire exécuter dans toute sa teneur, a été restreint et modifié pendant l'exécution; ainsi, au lieu de 13,500 pouces promis à la ville dans les temps les moins favorables de l'année par le projet arrêté par Napoléon, il ne lui en arrive aujourd'hui que 8,500, dont 4,000 seulement sont affectés à ses besoins. Le surplus alimente les canaux Saint-Martin et Saint-Denis qui, joignant la Seine à la Seine, abrègent la navigation si longue et si dangereuse du fleuve, de Saint-Denis à Paris, quand on doit suivre ses nombreuses sinuosités et passer sous ses ponts.

La distribution dans Paris des eaux de l'Ourcq donna lieu à l'érection de nouvelles fontaines. Quinze furent ordonnées par un décret de l'empereur, daté du 2 mai 1806, et leur emplacement arrêté comme il suit : marché des Jacobins, château d'eau de la place du Palais-Royal, quai de l'École, place du Châtelet, au pied des Regards Saint-Jean-le-Rond et des Lions-Saint-Paul, près les casernes de Popincourt et de la rue Saint-Dominique du Gros-Caillou, place de l'Institut, près les Incurables de la rue de Sèvres, carrefour des rues de Vaugirard, d'Assas et de l'Ouest, place Saint-Sulpice, au collége de la rue de Caumartin, rue Mouffetard, entre les rues Censier et Fer-à-Moulin, finalement au carrefour qui termine la rue du Jardin-des-Plantes. Aux termes du décret, le premier établissement de ces fontaines devait être fait des deniers de l'État, à la condition que la Ville de Paris prendrait leur entretien à sa charge. Comme cela était arrivé dans d'autres temps, en pareille circonstance, le décret de Napoléon ne fut suivi exactement ni pour le nombre, ni pour l'emplacement des fontaines. Ceci n'est point un blâme adressé à l'autorité, mais une excuse pour moi, si, sur la foi de documents de même nature que le décret de 1806, il m'est arrivé de citer comme ayant existé en tel ou tel lieu des monuments qui n'ont peut-être jamais été qu'ordonnés. Soit meilleure convenance, soit que des difficultés élevées par des propriétaires de terrains privés l'aient voulu ainsi, plusieurs des fontaines dénommées occupent un autre lieu que celui désigné; soit aussi que la Ville, interprétant largement le décret de l'empereur, n'ait pas cru que la simple addition d'un filet d'eau à un réservoir déjà existant constituât un monument nouveau, elle ajouta plusieurs fontaines nouvelles à celles prescrites, et l'on vit s'élever, presque au même instant, le château d'eau du Boulevard Bondy, l'abreuvoir qui occupait l'angle de l'équerre formé par la rue du Ponceau, la gerbe de la Place-Royale, au lieu qu'occupe aujourd'hui la statue réédifiée de Louis XIII, les fontaines de la rue de la Tixeranderie, du quai aux Fleurs, de l'École de Médecine, du Pilori, à la Halle; elle commença celle, non encore achevée, dite de l'Éléphant, à la place de la Bastille, et reconstruisit et répara plusieurs des anciennes fontaines, au nombre desquelles sont celles de la Pointe-Saint-Eustache et de la place Maubert; enfin elle montra, dans cette circonstance comme toujours, que le bien public est son seul guide, son unique moteur.

Pour compléter la nomenclature des fontaines dues au règne de Napoléon et que l'ordre des matières n'a pas permis de citer plus tôt, je ne dois pas oublier celle à la mémoire de Desaix élevée au milieu de la place Dauphine, celle devant le palais du Temple, et celle du marché Lenoir, faubourg Saint-Antoine. C'est peut-être aussi le lieu d'avertir le lecteur qu'il ne doit point chercher dans cet écrit certaines fontaines anciennes qui, privées d'abord, ne sont devenues publiques que long-temps après leur fondation, et qu'il serait dans l'erreur s'il considérait comme double emploi les citations, quelquefois répétées, de monuments élevés, détruits, puis réédifiés au même lieu dans différents siècles.

Les fontaines des Enfants-Rouges, de Sainte-Catherine, du Val des Écoliers, au Marais, des Récollets, au faubourg Saint-Martin, qui ont appartenu primitivement en propre à des communautés religieuses, sont du nombre de celles dont je n'ai pu indiquer l'époque de la fondation. Il en est d'autres, comme celle du Diable, rue de l'Échelle, de la butte Saint-Roch et de la rue des Fossés-Saint-Bernard, dont il ne m'a pas été possible de trouver l'origine; quant à celle Beaujon, omise involontairement, elle est, comme l'hospice du même nom, de 1784.

De 1815 à 1830, où Paris fut circonscrit dans une limite de 10,060 arpents, 34,395 hectares, et constaté renfermer (en 1827) 890,431 habitants par un recensement régulier ordonné par l'autorité, de nouvelles fontaines furent construites, d'autres réparées ou réédifiées. Celles des marchés aux Chevaux, Saint-Martin, des Carmes, de Saint-Jacques-la-Boucherie, aux Herbes, aux Poissons, les quatre fontaines jaillissantes de la Place-Royale, celles des places Saint-Georges et François Ier, sont du nombre des premières; celle de l'Esplanade des Invalides, en remplacement d'une élevée en 1804 pour recevoir le fameux lion de Saint-Marc et que les alliés ont ruinée en 1815, celle du centre du marché Saint-Germain, transportée là de la place Saint-Sulpice où elle était auparavant, et celle du carrefour Gaillon, au lieu qu'occupait celle dite d'Antin, sont les plus remarquables parmi les dernières. Au bienfait de leurs eaux on ajouta celui d'un nombre considérable de bornes-fontaines qui servent à l'assainissement de l'air, à l'irrigation des rues et au lavage des égoûts. A ces nouveaux et utiles établissements hydrauliques ajoutés aux anciens, le Corps municipal de Paris se propose d'élever sur plusieurs places et promenades publiques des fontaines monumentales dignes de la grande ville qu'elles doivent embellir; faisons des vœux pour que leur érection soit prochaine, et réponde à ce qu'on est en droit d'attendre d'une administration riche et éclairée.

EXPLICATION DES PLANCHES.

PLANCHE PREMIÈRE.

FONTAINE DE LA PLACE SAINT-ANDRÉ-DES-ARTS.

L'IRRÉGULARITÉ de la place Saint-André-des-Arts, établie sur l'emplacement de l'ancienne et célèbre église de ce nom, démolie en 1804, m'a déterminé à donner à la fontaine que j'ai composée pour son embellissement une forme circulaire, comme la plus propre à une *telle localité*. Cette fontaine se compose de deux vasques superposées et de dimension différente; la plus grande repose sur un piédestal octogone, orné de mascarons, de feuilles aquatiques, d'oves, de têtes de fleuve, et la seconde est supportée par une colonne cannelée en spirale, autour de laquelle se groupent quatre nymphes entrelacées et tenant divers attributs. Ces Naïades sont élevées au-dessus de la vasque principale par un dez à huit pans, afin que la perspective ne détruise pas l'effet qu'elles doivent produire de tel point de vue qu'on les regarde, et ne soient dans aucun cas coupées à l'œil par la saillie de la grande vasque. Un jet-d'eau, qui s'élance du centre de cette composition et qui la domine, retombe dans la vasque supérieure, dont l'eau, transformée en nappe, couvre d'un voile transparent et vaporeux la nudité des nymphes avant de se rendre dans la vasque inférieure, dont elle s'épanche également en nappe dans le bassin d'usage qui forme soubassement à la composition. Ce bassin est entouré d'un trottoir dont le pavé, dessinant des losanges et des compartiments réguliers, est formé de dalles de pierre variées de nature et de couleur; seize bornes les protégent.

FONTAINE DE LA PLACE DES PETITS-PÈRES.

LA fontaine actuelle, construite en 1671, près du couvent des Augustins déchaussés, dits Petits-Pères, devant être démolie pour régulariser la place sur laquelle elle se trouve, je propose de lui substituer celle-ci, qui serait placée dans l'axe de l'église et en avant du portail, de manière à être vue du carrefour où aboutissent les rues Notre-Dame-des-Victoires, du Mail, Vide-Gousset, et des Petits-Pères. Comme celle déjà décrite, et par les mêmes motifs, sa forme est circulaire; son bassin est surélevé de deux marches; le pavé qui l'entoure est protégé par huit bornes. Au centre du bassin s'élèvent quatre socles, ornés de coquilles et de feuilles d'eau, sur lesquels sont placés des Dauphins dont les queues enroulées aident à supporter une vasque principale. Cette vasque repose sur un fût de colonne décorée de feuilles marines; au milieu, et sur un piédestal d'où s'échappent quatre jets sortant des mufles de Lions marins, sont quatre petits Génies enfants, se tenant par la main et adossés au fût d'une espèce de candélabre qui porte une vasque supérieure, de laquelle s'élance un jet bien fourni qui achève de donner la vie au monument.

FONTAINE DE LA PLACE BEAUVEAU.

Des quartiers du Paris actuel, ceux du Roule et du faubourg Saint-Honoré sont les plus dépourvus de fontaines publiques. Celle que je propose pour la place Beauveau formerait point de vue aux Champs-Élysées; elle se composerait de deux vasques supportées chacune par des espèces de tambours ou fûts de colonnes, ornés de feuilles et d'ornements aquatiques. Au centre de la vasque supérieure s'élèverait une statue de Vénus sortant des eaux et tenant une coquille marine, d'où partirait un jet-d'eau qui, en retombant, la couvrirait d'un voile transparent et se répandrait ensuite, de vasque en vasque, par des têtes de lion, jusque dans le bassin d'usage. Comme je l'ai dit dans l'introduction de ce recueil de fontaines, le fer fondu pour les sculptures et les vasques, la pierre dure pour les autres parties de ces monuments, en rendraient l'exécution aussi facile que peu coûteuse et durable.

PLANCHE II.

FONTAINE DES CHAMPS-ÉLYSÉES.

Les Champs-Élysées étant un lieu de plaisir et de délassement, il m'a semblé qu'un certain nombre de fontaines jaillissantes, réparties dans cette promenade, ajouterait à son agrément, y répandrait la vie et la gaîté, et remédierait à l'espèce d'aridité qu'on lui reproche. Celle dont j'offre le projet, étant destinée à faire point de vue, serait placée de manière à être aperçue de la principale avenue. Placée ainsi au milieu de créations des arts qui donnent aux approches du palais des Tuileries un aspect de grandeur et de magnificence que n'offre aucune autre capitale, cette fontaine devait participer de la richesse et de la majesté du tableau dont elle deviendrait partie intégrante. C'est cette pensée qui m'a fait lui donner une physionomie monumentale, susceptible de produire de l'effet de tel point qu'elle serait aperçue. Elle se compose d'un grand bassin circulaire entouré d'une balustrade à jour, coupée par quatre massifs sur lesquels sont des Chevaux marins lançant de l'eau par la bouche; par huit piédestaux circulaires portant des Naïades épanchant l'eau de leurs urnes dans le grand récipient, et par quatre piedroits carrés, portant des Candélabres qui, alimentés le soir par le gaz, procureraient à cette fontaine une physionomie tout-à-fait originale. Sur un socle octogone repose une vasque principale, au milieu de laquelle sont groupés, autour de la colonne obligée pour la conduite de l'eau, quatre Génies enfants portant des attributs. Au-dessus de leur tête est une vasque plus petite qui reçoit l'eau du jet qui la traverse; cette eau se répand ensuite en nappe, de vasque en vasque jusque dans le grand bassin, dont le trop plein s'échappe par des canaux souterrains pour aller purifier l'air des quartiers voisins, en aidant au lavage des rues et des égoûts.

FONTAINE DU MARCHÉ DU TEMPLE.

Ce projet de fontaine pour le centre d'un marché paraîtra peut-être un peu trop riche, ou peu trop monumental aux personnes qui n'ont pas voyagé en Italie et dont l'idée est rétrécie par la vue de nos chétives fontaines publiques. Dans une ville comme Paris, où la civilisation du peuple est essentiellement en progrès, il est bien d'ennoblir ses sentiments par la recherche, le luxe des monuments à son usage. Celui-ci est carré par son plan; une statue de Neptune le couronne. Elle est posée sur un piédestal dont les quatre faces sont décorées de têtes de Lions, jetant de l'eau dans un bassin supérieur. Cette eau est ensuite déversée dans un autre bassin par vingt-huit têtes de monstres marins rangées autour d'une espèce de stylobate placé au milieu d'un second bassin qui la répand ensuite en nappe dans une grande cuve où le public arrive pour puiser par trois marches en pierre. Pour compléter l'effet pyramidal de la composition, des coupes, alimentées par des jets-d'eau, sont placées aux quatre coins du stylobate.

FONTAINE DE LA RUE DE RICHELIEU,

AU COIN DE CELLE TRAVERSIÈRE.

La fontaine construite sous Louis XIV (en 1671), au débouché de la rue Traversière dans la rue de Richelieu, devant être démolie pour l'alignement, et son importance, comme monument, n'étant plus en rapport avec le quartier opulent où elle est placée, je propose de la remplacer par un petit Château-d'Eau qui servirait à la fois de réservoir et de fontaine publique. Une Vénus marine placée dans une niche circulaire, deux Nymphes épanchant comme elle leur eau dans une vasque soutenue par un Triton agenouillé sur une conque marine, d'où l'eau tomberait en nappe dans un bassin carré, seraient les principaux ornements de ce petit monument architectural, auquel je me suis appliqué à donner le caractère de sa destination.

PLANCHE III.

FONTAINE DE LA PLACE DE L'HOTEL-DE-VILLE.

Henri IV est le premier de nos rois qui se soit occupé de donner de la régularité aux places publiques de Paris; les places Royale et Dauphine, bâties sous ce prince, nous montrent une volonté première qui a présidé à la disposition de leur plan et arrêté le caractère et la forme des bâtiments qui devaient en tracer les limites. Jusque là l'intérêt de la propriété particulière avait paru protégé au détriment de l'intérêt public, et les places de Paris semblaient être plutôt le produit de circonstances fortuites que nées d'une volonté supérieure. La place de l'Hôtel-de-Ville est du nombre de celles que l'autorité bienveillante des magistrats de la ville n'a pu encore, après des travaux aussi souvent repris qu'abandonnés, rendre digne du nom qu'elle porte. Le palais municipal de la première ville du royaume, pour ne pas dire du monde, demande impérieusement de nombreux abords, et, devant lui, une place spacieuse et régulière dont la décoration architecturale soit en harmonie avec la sienne. En attendant qu'un tel projet puisse s'exécuter, il conviendrait au moins de décorer la place actuelle d'une fontaine monumentale. Dans celle ici gravée pour cette destination, je me suis appliqué à ne pas trop m'écarter du style du bâtiment élevé sous François Ier, Henri II et Henri IV, et que J. Goujon décora d'admirables sculptures. A cet effet je l'ai enrichie de figures de ronde-bosse, de nombreux bas-reliefs et d'ornements variés.

Pour centre de ma composition, j'ai pris le groupe connu des Nymphes suspendant leurs vêtements humides autour d'une colonne dont Piranesi s'est servi avant moi pour un usage à peu près semblable; seulement, au lieu de trois nymphes, j'en propose quatre, afin d'éviter la maigreur qui résulterait de la stricte copie du groupe antique. Ces nymphes, qui entourent une colonne cannelée, sont posées sur un piédestal circulaire, décoré de monstres marins, d'emblèmes et de mascarons qui jettent de l'eau dans un bassin également circulaire, autour duquel sont vingt-huit petits bas-reliefs dans lesquels pourraient être reproduits, en fer fondu, les mois de l'année sculptés en bois par J. Goujon sur les panneaux de l'une des salles de l'Hôtel-de-Ville, aussi bien que les délicieux bas-reliefs de Nymphes de la porte Saint-Antoine, dont tous les artistes conservent les plâtres, les quatre Saisons de l'hôtel Carnavalet, ou tous autres chefs-d'œuvre de notre sculpteur national. La vasque que les Nymphes sont censées soutenir au-dessus de leur tête, et du centre de laquelle s'élève un jet-d'eau qui, en retombant de la vasque dans le bassin du milieu, les enveloppe de vapeurs diaphanes, complète cette fontaine dont le soubassement naturel est la cuve lisse et circulaire élevée de deux marches et entourée de bornes protectrices, dans laquelle toutes les eaux jaillissant viennent se rendre, et où le peuple est appelé à s'approvisionner de celle qui est nécessaire à ses besoins.

FONTAINE DE LA PLACE DU CAIRE.

Pour une place aussi resserrée, aussi irrégulière, et située à l'embouchure de trois rues comme est celle du Caire, j'ai dû projeter une fontaine circulaire, cette forme étant celle qui, sous tel aspect qu'elle soit vue, produit toujours son effet. Un bassin, coupé dans sa circonférence par huit piédroits et précédé de trois marches, est alimenté par douze jets-d'eau qui s'échappent d'une vasque posée sur un piédestal octogone; cette vasque reçoit son eau de quatre mascarons placés autour d'un piédestal circulaire portant une statue de Léda. Sur chacun des huit pans coupés du premier piédestal sont incrustés des bas-reliefs où seraient retracés les principaux traits de l'histoire de la fille de Thestius, si étrangement trompée par Jupiter transformé en cygne.

FONTAINE DE LA PLACE DE LA SORBONNE.

Comme la plupart des précédentes, cette fontaine est circulaire; la forme ronde est tellement favorable à l'effet de l'eau, que j'ai dû lui donner la préférence toutes les fois que les localités m'ont laissé le choix du parti à prendre.

Dans celle-ci, trois Génies posés sur un piédouche maintiennent une première vasque, surmontée d'une plus petite posée sur une espèce de colonne servant de conducteur au jet qui alimente le monument et dont l'eau se répand en nappes jusque dans le bassin inférieur destiné au service public. Le bassin inférieur est précédé d'un trottoir surélevé de deux marches et entouré de bornes de défense. Comme, dans la nature des choses, une masse d'eau qui est toujours la même ne peut alimenter avec la progression voulue, des cuvettes de dimensions essentiellement différentes, je uppose qu'ici la nappe fournie par la grande vasque reçoit un complément d'alimentation à l'aide de conduits dont les bouches, établies au niveau de l'eau de la grande vasque, ne peuvent être aperçues de l'œil du spectateur.

PLANCHE IV.

FONTAINE DE LA PLACE DU PALAIS-ROYAL.

Maintenant qu'il est question, plus que jamais, de l'exécution du grand projet de réunion du Louvre aux Tuileries, dans lequel la Place du Palais-Royal recevra une nouvelle forme, j'ai cru qu'il ne serait pas hors de propos de présenter un projet de décoration pour cette place. Sa position en avant de l'un des édifices les plus importants de la Capitale, la magnificence des palais qui l'avoisinent, aussi bien que l'affluence des étrangers que les merveilles des arts et de l'industrie attirent dans ce quartier, m'ont fait donner la préférence à un monument qui fût à la fois fontaine publique et colonne triomphale en l'honneur de quelque grand personnage de notre histoire.

Ce programme me flatta d'autant plus qu'il me fournissait l'occasion de combiner ensemble les formes sévères de l'architecture, celles plus dociles, plus souples de la sculpture, et celles, mouvantes et variées, qu'offrent des masses d'eau mises en jeu. Je ne me flatte pas d'être arrivé au meilleur résultat possible, mais j'ai tenté un effet neuf et puissant; mes maîtres et mes émules décideront si j'ai trop présumé de mes forces.

Au milieu d'un bassin principal, de forme circulaire et élevé de deux marches, est un premier stylobate divisé par seize pïédestaux portant autant de Lions qui jettent de l'eau. Au-dessus s'élève un second bassin concentrique, puis un troisième plus en arrière, alimentés par les eaux qui sortent de l'urne de quatre Fleuves placés aux angles du piédestal octogone formant soubassement à la colonne triomphale, et par celles que jettent huit Cygnes rangés sur la partie supérieure de ce même soubassement. Vient enfin la colonne, portant l'image du Héros; sur les huit pans de son piédestal seraient personnifiées, en bas-reliefs, les vertus qui auraient honoré le personnage offert à la vénération publique.

FONTAINE DE LA PLACE DE L'ODÉON.

Cette fontaine serait placée en avant du théâtre et formerait point de vue à la rue de l'Odéon. Elle se compose d'un groupe d'Enfants, représentant les Quatre Saisons, adossés à une colonne tronquée portant une vasque de laquelle s'élance un jet dont l'eau, après avoir rempli la vasque, se répand ensuite en filet, et retombe dans un bassin au milieu duquel est le piédestal, entouré de Dauphins lançant des jets d'eaux, qui porte la colonne et le groupe des Saisons. De ce bassin, dans celui destiné à l'usage, l'eau descend en nappes; ce dernier est entouré d'une rampe à jour, divisée par des piédroits saillant sur la marche qui le surélève.

FONTAINE DE LA PLACE DUPLEIX.

CETTE fontaine destinée au quartier de l'École militaire et des Invalides, serait élevée à la gloire d'un illustre guerrier dont la statue occuperait le sommet. Sur le piédestal octogone de cette statue, des inscriptions et des figures allégoriques rappelleraient alternativement et les vertus et les hauts faits du héros; quatre têtes de Monstres marins, versant de l'eau dans quatre coupes portées par quatre demi-colonnes, alimenteraient cette fontaine et lui donneraient un aspect monumental. Pour lui procurer une utilité plus générale que celle des autres quartiers de la ville, le trop plein de la cuve octogone destinée à l'alimentation ménagère se répandrait dans deux bassins allongés qui serviraient de lavoirs publics.

PLANCHE V.

FONTAINE DE LA PLACE SAINT-SULPICE.

Au centre d'une place vaste et nue, en face d'une église colossale et un peu théâtrale, comme l'est celle de Saint-Sulpice, due au génie de l'architecte décorateur Servandoni, il faudrait une fontaine d'une importance véritable par sa dimension, sa forme et son effet. Ces trois points principaux m'ont guidé dans la composition de celle que je propose d'y élever. Ronde par son plan, elle est pyramidale par son élévation. Le jet d'eau abondant, qui part du centre, retombe dans une première cuvette, se répand ensuite en nappe dans une seconde, en couvrant de son voile un groupe d'Enfants occupés à soutenir la première vasque, puis retombe, toujours en nappes, dans un bassin premier, d'où l'eau s'échappe à son tour dans un second par seize têtes de Fleuves que lie entre elles un ornement continu régnant sur toute la partie supérieure du premier bassin, et par seize mascarons placés au centre d'autant de bas-reliefs répartis autour du stylobate servant de base à cette première partie de la composition; arrivée à ce point, l'eau franchit par cascade trois autres bassins concentriques pour se rendre dans le dernier réservoir. Afin de conserver toute la plénitude de l'effet, qui s'amaigrirait vers le bas si l'on n'augmentait pas le volume d'eau, quatre figures de Fleuves, placées sur des socles à la hauteur du troisième bassin, et douze mascarons, répartis sur les faces des quatre socles, achèvent de procurer à cette fontaine l'abondance du fluide qui en fait le principal mérite.

FONTAINE DE LA PLACE SCIPION.

Cette fontaine est composée de deux vasques supportées par deux espèces de balustres très simples; le jet qui l'alimente forme nappe après être retombé dans la première cuvette; l'eau se répand ensuite, de la seconde cuvette dans le bassin d'usage, par seize mascarons placés autour de la partie supérieure de la vasque principale. La place pour laquelle cette fontaine est projetée est éloignée du centre de Paris et peu fréquentée des curieux.

FONTAINE DE LA PLACE DE LA COLLÉGIALE.

Cette place, située dans le même quartier que la précédente, est peut être une de celles qui réclament le plus impérieusement une fontaine jaillissante. Entourée d'usines, de fabriques qui répandent des odeurs nuisibles à la santé publique, et, pour la plupart, établies dans des rues étroites et très peuplées, l'air aurait besoin d'être raréfié par des masses d'eau mises en jeu, et par de nombreuses et abondantes irrigations. La fontaine que je propose d'y élever se compose d'une vasque, au milieu de laquelle est un Triton qui lance en l'air un jet-d'eau en soufflant dans une conque marine. L'effet des quatre aspirations, que le jet suppose au Triton, pourrait être facilement obtenu par quatre conduits de forme et de dimension différentes, il donnerait à ce petit monument une certaine originalité.

PLANCHE VI.

FONTAINE DE L'ESPLANADE DES INVALIDES.

Cette fontaine a été projetée pour tenir lieu de celle qui avait été élevée sur l'esplanade des Invalides en 1804, par l'architecte Trepsat, pour recevoir le fameux Lion de Saint-Marc, et qui est devenue sans intérêt après que les alliés eurent remporté ce souvenir de nos victoires en Italie. Elle fut réédifiée depuis 1815, sur les dessins de Alavoine, et ruinée dans la révolution de 1830. Destinée à occuper le point de jonction des avenues de l'esplanade des Invalides, et à servir de point de vue au monument servant d'asile aux vétérans de notre armée, cette fontaine devait avoir un aspect monumental; j'ai tâché de le lui donner, sans sortir des données d'un programme qui, indépendamment de son caractère particulier, commandait l'économie dans la dépense, et la conservation du magnifique point de vue dont on jouit du pavillon central de l'hôtel des Invalides. Une colonne d'ordre dorique, posée sur un double piédestal octogone dont les faces sont ornées de bas-reliefs ayant rapport à la figure de l'Abondance qui couronne le monument, m'a semblé remplir l'un des buts proposés: celui de laisser la vue libre de se perdre dans l'espace; quatre Tritons agenouillés sur des conques marines, et tenant sur leur tête des vasques que remplissent des jets-d'eau sortant de mascarons placés sur les faces principales du piédestal inférieur, m'ont fourni le moyen d'alimenter une riche cascade qui, en se jetant dans le bassin destiné aux besoins publics, donne au monument le caractère de sa destination, tout en procurant à sa base un empâtement convenable; enfin les matières premières qu'on pourrait employer à sa construction, telles que la fonte de fer, pour les vasques, les figures de ronde bosse, les bas-reliefs et les mascarons, la pierre de Château-Landon, pour les bassins et les parties qui réclament une pierre solide et susceptible de recevoir un beau poli, achèveraient de remplir la tâche que j'ai dû m'imposer.

FONTAINE DE LA PLACE DE L'EUROPE.

Cette fontaine, composée pour occuper un des points les plus élevés de Paris, peut être considérée comme purement hydraulique, tirant presque tout son effet des jets et de l'abondance des eaux. Elle aurait ce triple objet : de pourvoir aux besoins de la population du quartier, d'alimenter d'autres fontaines placées sur un sol plus bas, de former point de vue aux rues de Londres, Berlin, Pétersbourg, Stockholm, Paris, Madrid et Vienne, à la jonction desquelles elle est censée se trouver.

Elle se compose de deux vasques, de trois bassins concentriques formant cascades, et d'une cuve ou récipient commun, dans lequel vient se réunir toute l'eau fournie par le jet qui part du centre de la composition. Entre la première et la troisième cascade, et un peu au-dessus de la seconde, sont quatre figures de Fleuves ou Rivières, posées sur quatre socles ornés, sur leur face principale, de petits bas-reliefs allégoriques; de l'urne des Fleuves coule une eau abondante qui nourrit la cascade inférieure et lui permet de conserver une certaine prédominance sur les autres. La cuve d'usage est surélevée de deux marches; autour règne un trottoir qui est garanti par un rang de seize bornes.

FONTAINE SAINT-VINCENT-DE-PAULE.

Cette fontaine, de forme octogone, est, comme la précédente, destinée à occuper l'un des points les plus culminants de la capitale. Elle servirait également à alimenter les fontaines inférieures, et formerait point de vue au boulevard Bonne-Nouvelle. Sa composition est moitié hydraulique, moitié sculpturale, et son effet est pyramidal. Deux vasques supportées, l'une par un groupe d'Enfants, l'autre par quatre Atlas marins, reçoivent, et déversent en nappes, l'eau d'un jet qui part du centre; cette eau, en tombant du stylobate sur lequel repose cette partie de la composition dans la cuve de distribution, forme cascade. Sur chacun des huit angles du stylobate sont des Monstres marins qui lancent de l'eau dans le réservoir général, et complètent l'effet que j'ai cherché à donner à cette fontaine. Sur les huit pilastres qui portent des Monstres marins sont figurées des plantes marines.

PLANCHE VII.

FONTAINE DE LA PLACE BELLE-CHASSE.

L'IMMENSE et opulente partie de Paris qui s'étend de la rue du Bac au quinconce des Invalides, de la Seine au boulevard du Mont-Parnasse, n'a point encore de fontaine publique. L'autorité municipale ne peut manquer de doter bientôt ce quartier d'un monument hydraulique en rapport avec la richesse des hôtels privés dont il est meublé et de la haute noblesse qui l'habite. La place Belle-Chasse, vaste et régulière, m'a paru le lieu le plus convenable à l'érection d'un tel monument. La fontaine que j'ai projetée pour cet emplacement se compose d'un premier bassin circulaire élevé de deux marches, d'un second bassin au milieu duquel est un stylobate orné de douze bas-reliefs représentant les principaux événements de l'histoire de Paris et séparés les uns des autres par autant de pilastres. Sur ce stylobate, et au droit des pilastres, sont des figures d'Enfants pressant de leurs pieds la tête d'un monstre marin pour en faire jaillir de l'eau ; au centre, sur un plan reculé, s'élève un piédestal sur lequel sont groupées quatre figures allégoriques soutenant une cuvette d'où sort un jet bien nourri, qui, en retombant en nappe depuis la vasque jusqu'en bas, donne du pittoresque à la composition. Pour nourrir l'effet et le volume d'eau nécessaire à l'empâtement des parties inférieures, des Dauphins, placés aux angles du piédestal, lancent des jets sur la plate-forme du stylobate. L'augmentation du fluide qui en résulte suffira, je pense, à l'objet que je me suis proposé; toutefois, si, à l'exécution, il était nécessaire de le rendre encore plus abondant pour alimenter convenablement la cascade du bas, il serait facile d'y arriver, sans surcharger la composition, par des jets non apparents.

FONTAINE RÉSERVOIR.

AINSI que je l'ai dit ailleurs, il faut s'abstenir autant qu'il est possible d'employer les ordres d'architecture dans la composition où la décoration des fontaines; leur gravité, leur sévérité convient peu à de tels monuments, dont l'effet doit être tout de mouvement. S'il est des cas où il est permis d'en faire usage, c'est lorsqu'on peut les animer par un grand volume d'eau, comme le sont, à Rome, la fontaine *Pauline à San Pietro in Montorio*, bâtie par Jean Fontana, et celle de *Ponte Sisto*, par *Dominique Fontana*, ou lorsqu'il s'agit uniquement d'un chateau réservoir. C'est à ce dernier usage que serait destiné ce monument, projeté en remplacement de celui de la rue Saint-Louis au Marais que les alignements doivent faire disparaître.

Il est composé de manière à servir à la fois de réservoir et de fontaine. Une ordonnance de quatre colonnes corinthiennes, avec entablement, fronton et attique, en forme la principale masse; sur le fronton sont placées les statues de la Seine et de la Marne; et, à l'aplomb de chacune des colonnes, quatre figures de moindre dimension, qui, par divers attributs, caractériseraient les ruisseaux dont les eaux viennent se perdre dans les deux rivières nommées. L'attique reçoit la dédicace du monument. Toute cette partie de l'édifice constitue ce qu'on peut nommer le réservoir; la partie hydraulique, à l'usage du public, est placée dans la grande niche circulaire établie entre les deux colonnes du milieu. Deux coupes superposées, étagées de grandeur, et du centre desquelles part un jet-d'eau abondant, forment une espèce de girandole ou lustre aquatique, dont l'eau vient se rendre dans un bassin principal placé en avant de l'édifice. Entre les bases des colonnes sont des mascarons lançant de l'eau; au-dessus, dans l'entre-colonnement, sont des niches carrées où l'on pourrait placer, de ronde-bosse, des imitations des figures qui décorent les entre-pilastres de la fontaine des Nymphes de J. Goujon, et, plus haut, des copies de deux des bas-reliefs du même artiste, que le besoin de leur conservation a obligé de retirer de dessous la nappe d'eau sous laquelle ils se trouvaient, lorsque le canal de l'Ourcq est venu alimenter sa fontaine. Le tympan du fronton serait décoré de coquilles, de plantes marines; autour de l'archivolte, au lieu de ces figures de Renommée consacrées par l'usage, je voudrais des figures d'animaux marins fantastiques; la clef recevrait pour ornements des écailles de poissons, et le centre supérieur du cul-de-four de la niche des tiges et des feuilles de plantes aquatiques, afin de rappeler, par tous ces accessoires, l'objet du monument et lui donner un caractère déterminé.

FONTAINE DE LA PLACE DU PALAIS DE JUSTICE.

Dans l'introduction de ce recueil, j'ai signalé, comme je le devais, le mérite des fontaines de Rome, parce qu'en effet elles sont généralement, par leur aspect, dignes de leur célébrité; mais je crois cependant qu'elles tirent davantage leur mérite du volume d'eau qui les alimente que de leur composition artistique. A l'appui de cette opinion, tout erronée qu'elle puisse paraître aux yeux des enthousiastes, je donne sur cette planche le dessin de l'une des fontaines hydrauliques de Rome, dont la renommée est européenne, celle de la place de Saint-Pierre. Cette fontaine, répétée de chaque côté de l'obélisque antique élevé par Fontana, devant le portail de la basilique, est du dessin de Ch. Maderne. La sommité du jet principal est à 64 pieds au-dessus du sol de la place, l'eau est reçue dans une vasque, ou bassin de granit, de 49 pieds de circonférence, élevé sur un grand piédouche. Elle est alimentée par l'aquéduc antique de Trajan restauré par Paul V.

PLANCHE VIII.

FONTAINE DES CHAMPS-ÉLYSÉES.

A l'occasion de la planche deuxième de ce recueil, où se trouve une fontaine projetée pour les Champs-Élysées, j'ai dit un mot sur la nécessité d'embellir et de rafraîchir cette promenade par un certain nombre de fontaines jaillissantes; celle-ci aurait la même destination et le même but. Sa forme serait celle d'un exèdre antique disposé en demi-lune, en avant duquel serait un grand bassin circulaire. Sur un soubassement continu, divisé dans sa circonférence par des ressauts encadrant des bas-reliefs et portant des têtes de Lions lançant de l'eau, seraient disposées les statues des neuf Muses sur autant de piédestaux portant des inscriptions. Entre chacune des neuf Sœurs seraient autant de petites vasques déversant l'eau d'un jet particulier; enfin du milieu d'une vasque de grande dimension, placée au centre du bassin circulaire, s'élèverait un roseau bien nourri, dont l'eau, en retombant, viendrait bouillonner dans la vasque et s'épancherait ensuite en nappe dans le réservoir principal.

Cette décoration hydraulique, si elle était placée dans un massif d'arbres, produirait sans doute un certain effet. Pour appeler les promeneurs à jouir de son aspect, les bancs de l'exèdre se prolongeraient autour du bassin et permettraient de s'asseoir auprès pendant la saison chaude, et d'y respirer un air frais et bienfaisant.

FONTAINE DE LA PLACE DES ITALIENS.

Elle serait composée d'un grand bassin et d'un autre de moindre dimension, au milieu duquel un balustre, porté par un piédestal, supporterait deux vasques étagées de grandeur. La coupe supérieure serait surmontée d'un Triton monté sur un Dauphin, et tenant au-dessus de sa tête une conque d'où partirait un jet, dont l'eau retomberait en nappe de vasques en vasques et viendrait alimenter la cascade formée par la surélévation du bassin central sur celui extérieur à l'usage du public. Le tout reposerait sur deux marches en granit.

FONTAINE DE LA PLACE MAUBERT.

Cette fontaine est supposée élevée pour perpétuer le souvenir d'un illustre citoyen, dont la statue serait placée sur une colonne dorique. Aux quatre faces du piédestal sont des têtes de Lion jetant de l'eau dans un premier bassin, qui en alimente un autre plus grand servant d'abreuvoir.

PLANCHE IX.

FONTAINE POUR LA PLACE DE LA MADELEINE.

En face du plus colossal, du plus beau monument peut-être que la ville de Paris ait à offrir aux yeux des étrangers attirés par les chefs-d'œuvre des arts qu'elle renferme, une fontaine essentiellement monumentale est une nécessité. Celle dont je donne le dessin, si elle était construite sur une grande échelle, aurait du moins un aspect imposant. Elle serait consacrée à la mémoire d'un monarque, d'un législateur ou d'un homme d'état ami des arts, des sciences et des lettres; la statue du personnage couronnerait le monument; autour du piédestal sur lequel elle serait placée, on représenterait, en bas-relief, le fait principal de sa vie; sur la base octogone de ce piédestal seraient inscrites celles de ses actions qu'il n'aurait point été donné à la sculpture de retracer; et, sur le stylobate qui recevrait cette espèce de dédicace, on verrait figurées, de ronde bosse, les statues des vertus qui l'auraient rendu célèbre. Enfin, au-dessous de ces figures, et sur toute la partie circulaire du stylobate, il régnerait un bas-relief dont le sujet serait une espèce de poème épique en faveur du héros dont on voudrait perpétuer la mémoire.

Viendrait ensuite la fontaine proprement dite. Cette fontaine se composerait de trois chutes d'eau principales et d'un grand réservoir pour les recevoir. La première formerait nappe et viendrait se rendre dans un bassin, autour duquel seize Sphinx, lançant de l'eau comme les seize Griffons placés au-dessus, seraient rangés symétriquement. La seconde chute d'eau s'opérerait par quarante-huit têtes de Lion, réparties au pourtour du second bassin, et la troisième, qui serait augmentée par le jet des Sphinx, formerait cascade avant de se rendre dans le réservoir principal. Ce dernier, circulaire comme tout le monument, serait précédé d'un large trottoir entouré de bornes protectrices.

FONTAINE DE LA PLACE DE LA BOURSE.

Cette fontaine serait placée dans l'axe du palais de la Bourse et de la rue qui porte son nom. Le garde-fou de son bassin est à jour et posé sur trois marches; le soubassement est circulaire et couronné par un ornement découpé qui arrête les eaux et les fait bouillonner, lorsqu'après avoir produit des espèces de cascades sur les écailles du soubassement, elles tombent en nappe dans le grand bassin. Pour rompre la monotonie que pourrait produire cet effet, douze mascarons jettent de l'eau avec rapidité dans le récipient général; la grande vasque, supportée par un pied orné de plantes et de feuilles aquatiques et qui repose sur le soubassement, est également riche de sculptures et d'ornements dans le style du palais de la Bourse; au centre s'élève une autre vasque plus petite, mais dans le même sentiment, et de laquelle s'élance un jet d'eau bien nourri qui alimente cette fontaine d'une manière riche et convenable.

FONTAINE DE LA PLACE NOTRE-DAME.

A côté d'un monument aussi colossal qu'est l'église Notre-Dame et sur une place dont la proportion est loin d'être en rapport avec lui, il sera toujours difficile d'élever un édifice, quel qu'il soit, qui produise un effet satisfaisant. Témoin, le portail de l'Hôtel-Dieu construit par Clavareau sous l'inspiration des temples de l'antiquité, et qui, malgré sa mâle simplicité, paraît si chétif auprès du colosse gothique. Dans ma pensée, lorsque j'ai composé la fontaine dont je donne ici le dessin, j'ai considéré comme exécuté en partie le projet depuis si long-temps formé d'agrandir et de régulariser la place du Parvis Notre-Dame, et de donner à ses abords principaux une certaine symétrie. Cela m'a porté à donner à la fontaine que je lui destine la forme d'une girandole. Elle est composée de trois coupes de grandeurs différentes et variées de forme, recevant et déversant l'eau d'un jet qui traverse leurs supports. Cette disposition est peut-être la plus favorable à un tel emplacement, en ce qu'elle n'obstruerait point la vue du monument principal, qu'elle s'accorderait assez bien avec les constructions environnantes, et ne serait pas sans un certain effet, aperçue des rues qui déboucheraient sur le parvis.

PLANCHE X.

FONTAINE DE LA PLACE SAINT-GERMAIN-DES-PRÉS.

Le bassin en serait circulaire et élevé sur trois marches; au centre serait un dé portant un pied octogone, avec consoles par le bas et modillons par le haut pour soutenir la vasque principale. La seconde vasque serait portée par un fût de colonne tronquée, ornée d'écailles, avec base et chapiteau; un jet partant du centre, retomberait en nappe au pourtour des vasques, et alimenterait le bassin d'usage.

FONTAINE DE LA PLACE DES PYRAMIDES.

Entourée d'architecture régulière et près du jardin des Tuileries d'où elle est aperçue, cette place demande une fontaine d'un effet pittoresque et simple tout à la fois. Celle que je propose pour cet emplacement est composée d'un bassin carré, entouré d'une balustrade à jour; au centre s'élèvent deux vasques : la première soutenue par un pied octogone, ornée de petits bas-reliefs; la seconde par une espèce de balustre, autour duquel sont groupés quatre petits Génies qui semblent la maintenir au-dessus de leur tête. Cette fontaine, de pure décoration, est surmontée d'une statue posée sur un Dauphin qui lance plusieurs jets.

FONTAINE DE LA PLACE LOUIS XV.

La fontaine ici gravée est celle que le conseil municipal de Paris et le préfet de la Seine adoptèrent en 1830 pour l'ornement de la place Louis XV, où elle devait se trouver répétée quatre fois. Son bassin est circulaire et son soubassement octogone. Chacune des faces principales du soubassement est ornée d'un bas-relief; au-dessus sont figurés quatre Fleuves ou Rivières; aux huit angles des pans coupés, sur des espèces de pilastres, des Monstres marins, dont les queues enroulées forment un ornement qui se rattache et se lie avec le support de la grande vasque, sont montés par des Génies armés de tridents, qui semblent les exciter de leur dard à lancer de l'eau dans le grand bassin; le dessus du soubassement est orné d'écailles de poissons formant gradins, sur lesquels l'eau glisse en bouillonnant jusqu'au moment où elle se précipite en nappe dans le réservoir de distribution.

La vasque principale est supportée par un ornement composé de feuilles d'eau, d'enroulements, de modillons, de consoles qui lui donnent de l'empâtement. Au-dessus et au centre, s'élève un petit socle sur lequel pose un fût de colonne orné, autour duquel sont groupées quatre Naïades tenant des attributs et paraissant soutenir la coupe qui est surmontée d'un petit ornement, d'où s'élance un jet-d'eau dont l'élévation serait d'au moins douze mètres au-dessus du sol.

Cette fontaine est ornée de figures, d'ornements et d'emblèmes nombreux et caractéristiques, afin que, dans les temps de gelée, ou aux époques de l'année où l'économie demanderait que l'on diminuât son volume d'eau, elle puisse encore satisfaire l'œil et ne point cesser d'être un des ornements significatifs de la place qu'elle est destinée à embellir et à la décoration de laquelle elle se lie essentiellement. (Voyez planche XII.)

PLANCHE XI.

PLAN DU PROJET D'EMBELLISSEMENT DE LA PLACE LOUIS XV.

Ce n'est point ici le lieu d'examiner les divers projets qui, depuis 1670 où furent plantés les Champs-Élysées, ont été conçus pour transformer en place publique l'intervalle irrégulier qui se trouvait entre les Tuileries et les Champs-Élysées. Qu'il me suffise de dire que Gabriel, architecte du Garde-Meuble, chargé par Louis XV de coordonner dans un seul projet ce que les plans de Servandoni, Soufflot, Blondel, Contant d'Ivry et autres artistes de mérite offraient de plus satisfaisant pour l'arrangement de cette place et sur ses abords, est l'auteur de ce que nous voyons aujourd'hui, et que cette élaboration n'a reçu qu'une partie de son exécution. Je passe donc sous silence et cette statue en plâtre de la Liberté, et cette Colonne départementale en toile peinte, et l'Apothéose de Louis XVI, placé sur un piédestal colossal qui furent tour à tour élevés ou projetés par les trois gouvernements précédents au lieu qu'avait occupé la statue équestre de Louis XV, par Bouchardon, détruite dans nos troublés civils de 1792. Je ne dirai rien non plus de cet Obélisque de Louqsor qu'on a voulu un moment élever au milieu de cette place et dont la destination paraît incertaine aujourd'hui, quand sa place naturelle est au centre de la cour du Louvre, puisque ce palais renferme dans ses murs nos plus précieux monuments des arts et de l'antiquité. Mais, avant de passer à la description de mon projet, je dois faire remarquer que, depuis la construction du pont Louis XVI et des quais, l'avenue connue sous le nom de Cours-la-Reine étant devenue sans importance, les voitures suivant aujourd'hui la chaussée du quai, les deux avenues diagonales de la place Louis XV, dont l'une avait pour objet de desservir ce même Cours-la-Reine, peuvent être supprimées sans aucun inconvénient. Je dirai plus, leur suppression peut seule permettre de donner une certaine régularité à la décoration de la place, de mettre ses lignes en harmonie avec le Garde-Meuble, ce que les pans coupés qu'elle présente aujourd'hui rendent tout-à-fait impossible.

La loi du 31 mai 1834, en modifiant celle de 1828, sous l'influence de laquelle mon projet a été conçu, en ayant fait ajourner l'exécution, je le publie ici tel qu'il avait été sanctionné. Un coup d'œil jeté sur la gravure ci-jointe suffira pour faire reconnaître que ses dispositions symétriques et régulières sont favorables à la circulation des piétons comme à celle des voitures, qu'elles ne nuisent à aucun des points de vue, à aucun des monuments qui avoisinent la place, que les fossés qui font de cette place une espèce de fortification avancée et protectrice du palais des Tuileries, sont comblés en partie et en partie plantés d'arbustes à l'instar du jardin du Palais-Royal, et que les guérites en pierres disparaîtraient.

Le périmètre de la place, dont la forme est un rectangle régulier, est dessiné par vingt-huit piédestaux portant alternativement des statues, des vases, etc., etc. Ses quatre entrées principales sont annoncées par huit grands piédestaux, dont quatre, qui existent déjà, supportent les célèbres Chevaux de Coustou et de Coysevox; au milieu des quatre carrés réservés aux piétons sont les fontaines jaillissantes et monumentales dont la planche précédente a fait connaître le modèle. Les trottoirs, établis autour de ces fontaines et des quatre parallélogrammes sablés, seraient dallés en pierres de couleur : les parties blanches en Château-Landon, le gris en lave de Volvic, le rose en pierre de Royan, le surplus en grès taillé en losange. Des candélabres placés à l'extrémité des trottoirs et sur les balustrades serviraient à éclairer la place ; enfin seize entrées ménagées le long des balustrades qui ferment les carrés du côté de la rue de Rivoli et du quai, permettraient au public de venir en sécurité se rafraîchir et se reposer auprès des fontaines jaillissantes élevées en ce lieu, autant pour son utilité que pour son plaisir.

Les différents niveaux de la place seraient dissimulés, et, quoiqu'il y ait plus de deux mètres de pente du pont au point de jonction des deux grands axes, le niveau d'une fontaine à l'autre ne varierait que d'environ seize centimètres.

Pour la sécurité publique, si souvent compromise dans ce quartier à de certaines heures, deux corps-de-garde seraient établis dans le massif des arbres et en arrière de l'alignement de la rue des Champs-Élysées. Cette disposition aurait l'avantage de ne pas interrompre la communication entre les faubourgs Saint-Honoré et Saint-Germain, de lier le Cours-la-Reine, devenu peu fréquenté depuis la construction du quai, avec l'allée dite Péronnet, et de ceindre ainsi les Champs-Élysées, sur leurs trois lignes principales, par une avenue ouverte aux voitures.

J'ai indiqué sommairement les données principales de mon programme, données qui m'étaient en partie imposées comme aux autres concurrents appelés à fournir leurs projets; il ne m'appartient pas de me féliciter du parti que j'en ai tiré ; mais j'ai du moins la confiance que mon système de décoration ne s'éloigne pas des règles de l'art, qui voulaient avant tout que le Garde-Meuble fût lié avec la terrasse des Tuileries et le pont Louis XVI et cessât d'être un hors-d'œuvre, et que l'ensemble de la place, combiné avec ce qui l'environne, devînt un tout rappelé à un centre d'unité, malgré la diversité des éléments, parfois un peu incohérents, dont il est composé. Je n'insisterai pas sur la convenance qu'il y aurait, sous le rapport pittoresque, à placer sur les piédestaux que j'établis autour de la place, les statues des grands hommes qui obstruent le pont Louis XVI; mon idée première, modifiée par mes successeurs, prouvera, je l'espère, que je ne me suis pas trompé sur ce point, et que la substitution proposée de candélabres à ces statues réunira, au mérite d'être utile à l'éclairage du pont et de ses abords, celui de produire, de jour, un effet satisfaisant aux yeux des hommes de goût.

PLANCHE XII.

COUPES DU PROJET D'EMBELLISSEMENT DE LA PLACE LOUIS XV.

Cette planche représente deux coupes de mon projet d'embellissement de la place Louis XV, tel qu'il a été adopté par la Ville de Paris : l'une prise sur la longueur, l'autre sur la largeur. Celle sur la longueur fait voir, sur une échelle d'un millimètre un quart pour mètre, l'élévation du côté des Champs-Élysées. La face du côté des Tuileries serait semblable. J'ai indiqué par une ligne ponctuée la différence du niveau qui existe entre le pont et le centre de la place.

La coupe sur la largeur, dessinée sur une échelle double de la précédente (deux millimètres et demi), offre le côté occupé par le Garde-Meuble; on y voit que les piédestaux, avec les statues, vases et groupes posés dessus, aussi bien que les fontaines dont le jet s'élève à près de douze mètres au-dessus du sol, et leurs vasques, loin de nuire à l'effet de l'architecture de Gabriel, ont l'avantage d'en corriger, je pourrais dire d'en motiver l'extrême hauteur de soubassement. Cette coupe peut donner à penser aussi, comme cela est de fait, que ma composition a été combinée de manière à produire son plus grand effet vue du balcon du bel étage du Garde-Meuble, de la terrasse des Tuileries et du pont.

Ce projet, comme on le verra sur le tableau placé à la fin de cet article, en reconstruisant toutes les balustrades de la place, ne devait occasionner, pour la maçonnerie, qu'une dépense de 410,268 francs, et, avec les trottoirs, les fontaines, leurs massifs et leurs bassins, 814,976 francs; encore, sur cette dernière estimation, des économies majeures pouvaient-elles être faites : il eût suffi de diminuer la très grande largeur des trottoirs. Ainsi, avec moins de 800,000 francs, on eût pu achever cette place. Venaient ensuite les sculptures; mais leur exécution était en partie susceptible d'ajournement et aurait pu être payée sur les fonds que la Ville consacre à l'encouragement des artistes. Ce n'est point ici le lieu de prouver, par des chiffres minutieusement combinés, toute l'exactitude de ce que j'avance; l'extrait suivant du devis joint à mon projet, au moment où il a été offert à la sanction du Corps municipal, et qu'une compagnie de capitalistes connus eût soumissionné pour l'exécuter dans le temps voulu et sous toutes garanties morales et pécuniaires si elle en eût été requise, prouvera sans doute qu'aucune entreprise n'a présenté plus de convenance dans son objet et plus de sécurité à l'administration dans le résultat. Quoi que l'on fasse, l'on n'achèvera pas la place Louis XV avec une mise de fonds inférieure à celle demandée par mon projet. L'avenir en décidera.

Au tableau des dépenses de maçonnerie, de terrassements, de dallage, de sculptures, des groupes de chevaux et des figures et ornements des fontaines monumentales, je joins un autre tableau où les prix des tuyaux pour la conduite des eaux sont indiqués selon leur nature et leur calibre, ainsi que le coût de leur pose, afin de faciliter l'estimation qu'on pourrait vouloir faire des dépenses de toute nature auxquelles donnerait lieu l'achèvement de l'ensemble de mon projet, et d'aider les autorités des villes qui auraient le désir d'ériger des monuments de même espèce, à se rendre compte à l'avance de l'importance pécuniaire de leur entreprise.

TABLEAU

ou Extrait du devis du projet d'embellissement de la place Louis XV, adopté par le Conseil municipal, le 12 *mars* 1830.

MAÇONNERIE, TERRASSEMENT, ETC, ETC.	FR.	C.
Constructions relatives aux quatre fossés conservés ou supprimés en partie	46,242	72
Idem. des vingt-huit piédestaux	40,006	40
Idem. des quatre grands piédestaux des groupes de chevaux.	16,684	00
Idem. des balustrades aux côtés des deux entrées de la place.	20,496	65
Idem. Des balustrades entourant les fossés	74,541	74
La maçonnerie des quatre fontaines y compris les bassins et massifs supportant les fontes et objets d'arts	174,593	84
Montant des démolitions	37,702	68
TOTAL DE LA MAÇONNERIE ET DU TERRASSEMENT	410,268	03
Construction, dallage, pavage des trottoirs de la place, etc.	404,708	80
TOTAL DES CONSTRUCTIONS Y COMPRIS LES TROTTOIRS, ETC.	814,976	83
SCULPTURE EN MARBRE, ETC., ETC.		
Quatre groupes de chevaux en marbre à l'instar de ceux de Marly à 40,000 fr.	160,000	00
Marbre pour les groupes estimés 20,000 fr. pour les quatre	80,000	00
Modèle en plâtre des figures, bas-reliefs, ornements, etc., pour les fontaines, compris le moulage	120,000	00
SCULPTURE EN FONTE DE FER.		
Chaque fontaine coûtera 150,000 fr., pour les quatre	600,000	00
Vingt-huit vases à 1,500 fr. chaque *	42,000	00
Soixante-dix-huit candélabres pour éclairer la place	11,700	00
TOTAL GÉNÉRAL DES CONSTRUCTION, SCULPTURE EN MARBRE ET OBJET D'ART EN FER FONDU, ETC., ETC.	1,828,676	83

NOTA. L'on voit que 1,013,700 francs sont employés en sculpture et objet d'art, c'est-à-dire plus de la moitié de la dépense totale.

* La moitié des vases devait être remplacée, par la suite, par des statues de grands hommes que la ville se proposait de commander chaque année aux artistes à titre d'encouragement.

TABLEAU indiquant le poids, le prix d'un mètre courant de tuyaux en fonte, compris les joints d'assemblages à brides, et du poids des tuyaux en plomb d'après la quantité de pouces d'eau à conduire.

	TUYAUX EN FONTE DE FER.				TUYAUX EN PLOMB.		
Quantité d'eau à conduire.	Diamètre intérieur des tuyaux en fonte.	Épaisseur des tuyaux.	Poids du mètre courant.	Prix du mètre courant.	Diamètre intérieur des tuyaux en plomb.	Épaisseur des tuyaux.	Poids par mètre courant.
Pouc.	M. C.	M. Mill.	Kil.	D. M.	M. C.	M. Mill.	Kil.
100	0 27	0 013	78 00	55 00	0 27	0 018	184 00
70	0 24	8 013	68 00	50 00	0 24	0 016	150 00
41	0 19	0 012	52 00	38 00	0 19	0 014	101 00
35	0 16	0 011	42 00	33 00	0 16	0 012	75 00
30	0 14	0 011	38 00	30 00	0 14	0 011	62 00
26	0 12	0 010	33 00	28 00	0 12	0 010	43 00
13	0 09	0 010	25 00	20 00	0 09	0 009	31 00
11	0 08	0 010	23 00	17 00	0 08	0 008	25 00
6	0 07	0 010	20 00	15 00	0 07	0 008	22 00
3	0 05	0 010	15 00	13 00	0 05	0 007	14 00

NOTA. Les prix sont calculés, la fonte comptée à 40 fr. les 100 kilogrammes et compris essai des tuyaux, bardage, déblocage, terrasse, pose, brides, boulons, plomb, rondelles, cuirs, etc. Nous avons pensé qu'il était inutile d'établir les prix des tuyaux en plomb dont la valeur varie souvent, et que nous ne conseillons pas d'employer, le prix étant plus du tiers en sus que celui de la fonte.

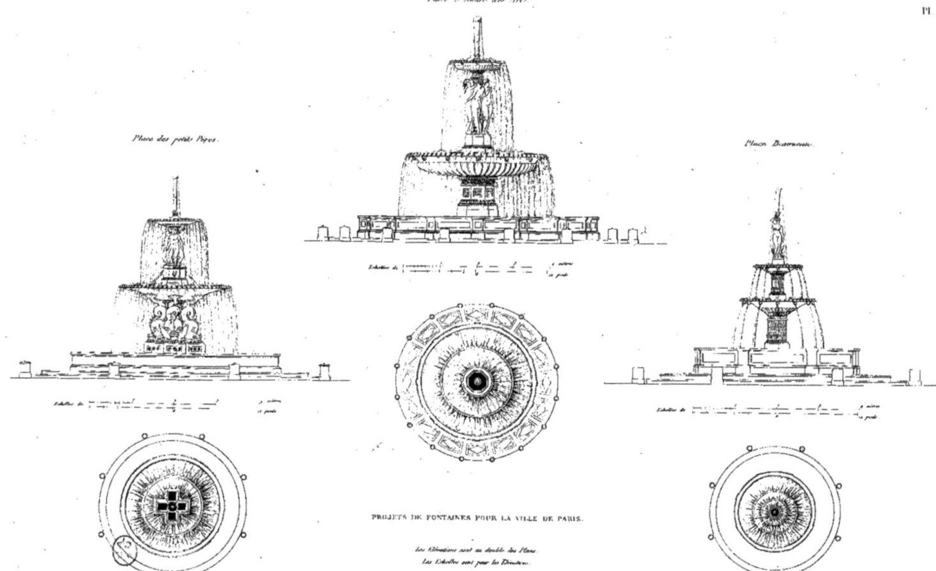
Pl. 1.
Place S.t André des Arts.
Place des petits Pères.
PROJETS DE FONTAINES POUR LA VILLE DE PARIS.
Les Élévations sont au double des Plans.
Les Échelles sont pour les Élévations.

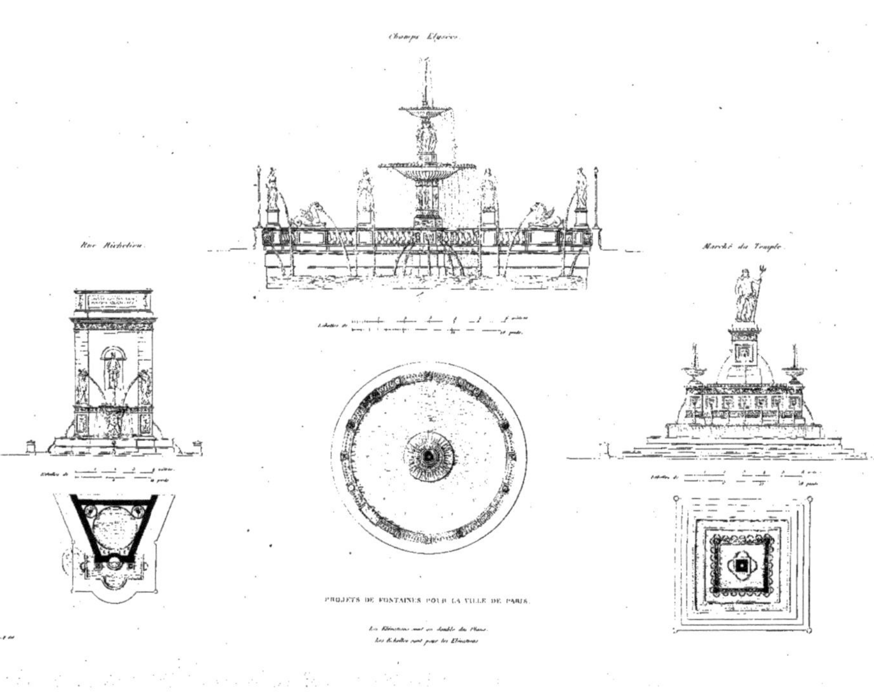

PROJETS DE FONTAINES POUR LA VILLE DE PARIS.

Les Élévations sont au double des Plans.
Les Échelles sont pour les Élévations.

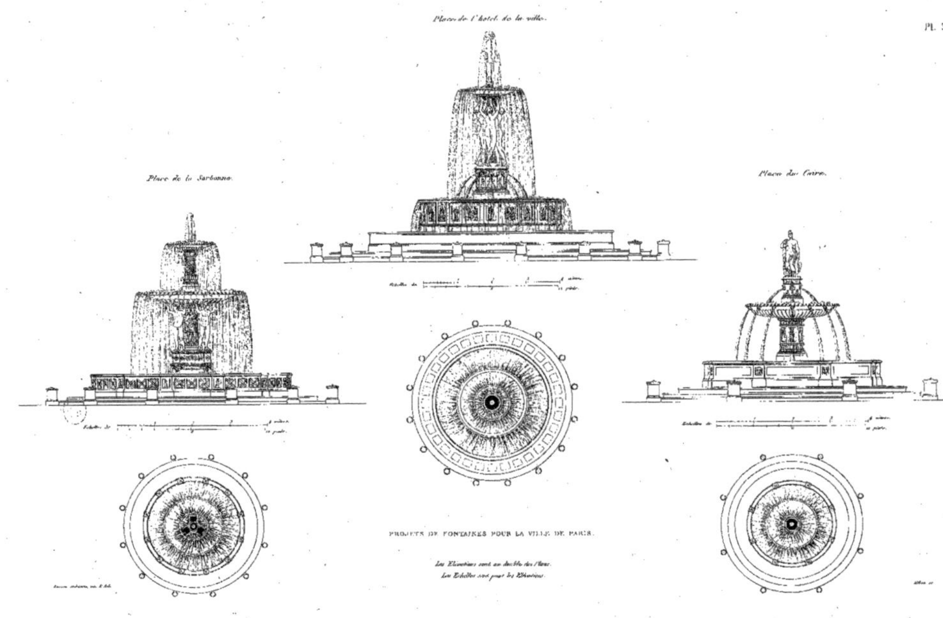
Pl. 3.
Place de l'hotel de la ville.
Place de la Sorbonne.
Place du Caire.
PROJETS DE FONTAINES POUR LA VILLE DE PARIS.
Les Élévations sont au double des Plans.
Les Échelles sont pour les Élévations.

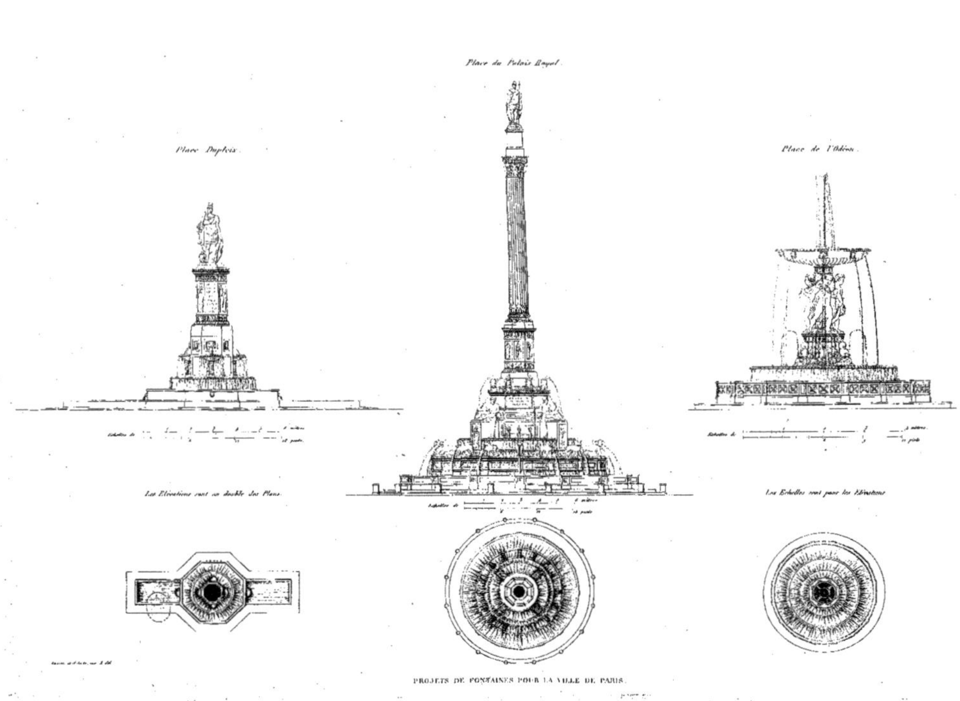
Pl. 2
Place du Palais Royal.
Place Dupleix.
Place de l'Odéon.
Les Élévations sont au double des Plans.
Les Echelles sont pour les Élévations
PROJETS DE FONTAINES POUR LA VILLE DE PARIS.

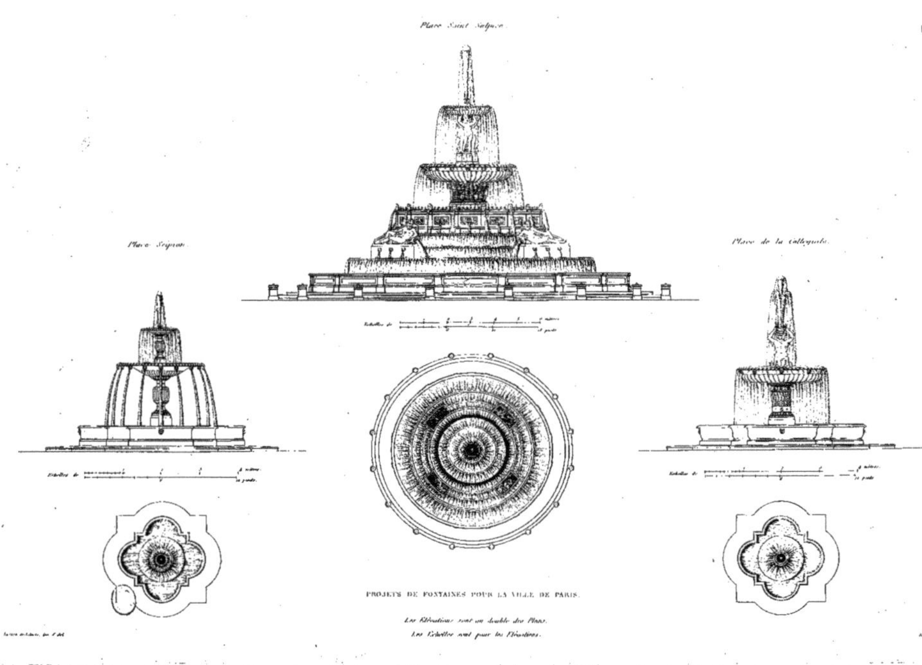

PROJETS DE FONTAINES POUR LA VILLE DE PARIS.

Les Élévations sont au double des Plans.
Les Echelles sont pour les Élévations.

PROJETS DE FONTAINES POUR LA VILLE DE PARIS.

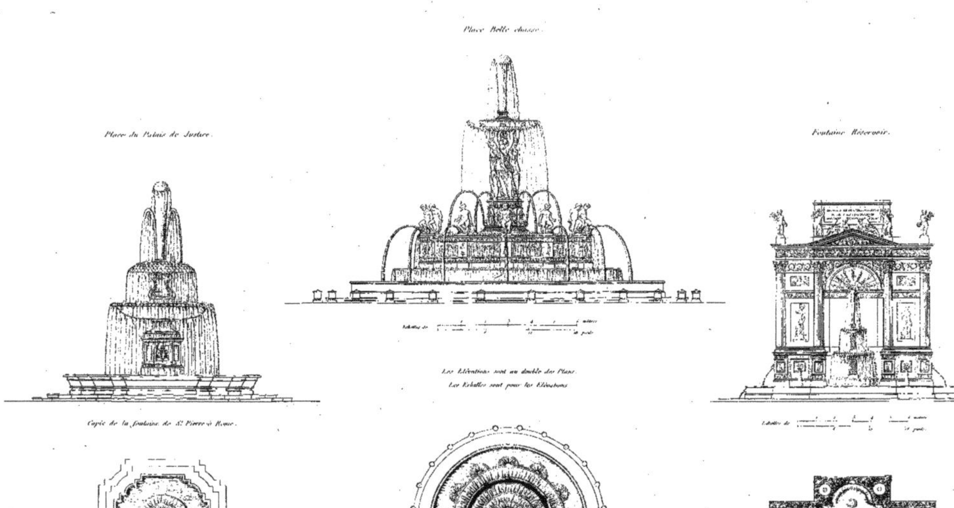

PROJETS DE FONTAINES POUR LA VILLE DE PARIS.

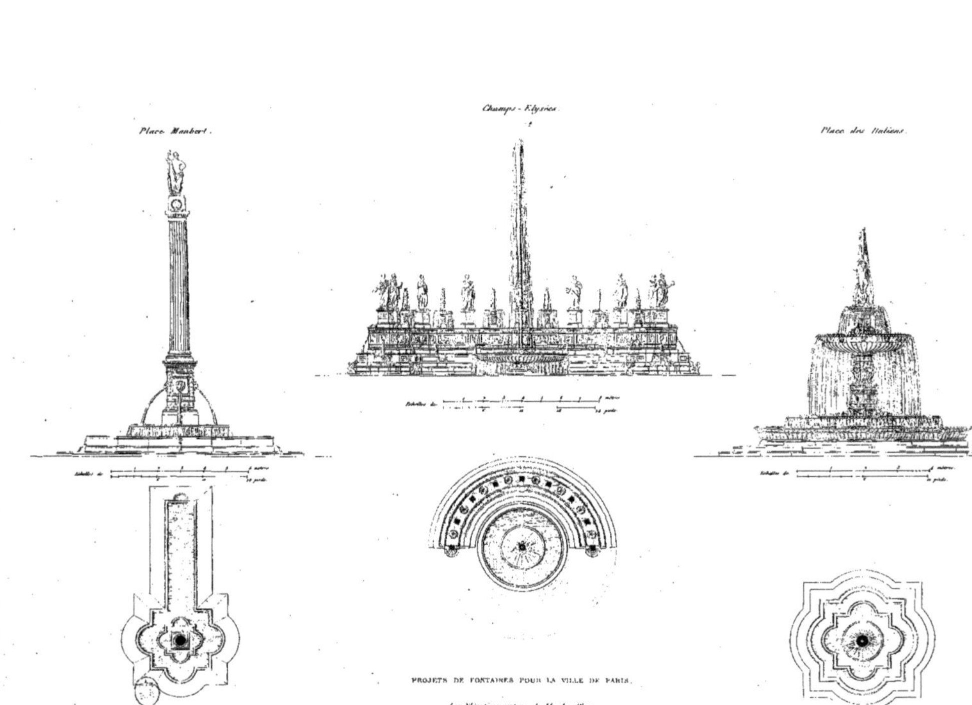

PROJETS DE FONTAINES POUR LA VILLE DE PARIS.

Les Élévations sont au double des Plans.
Les Échelles sont pour les Élévations.

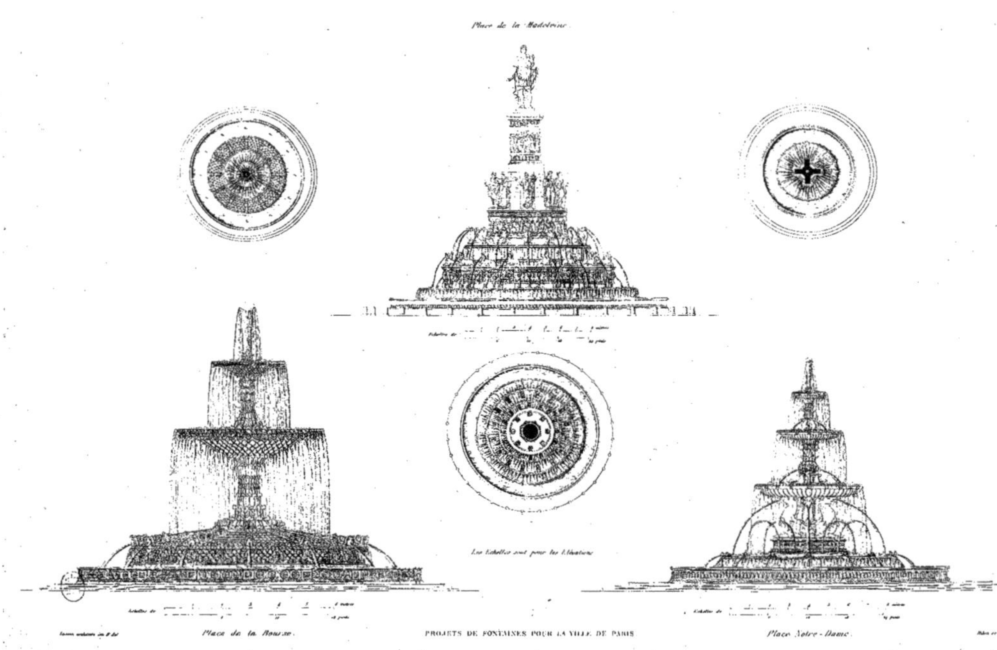

PROJETS DE FONTAINES POUR LA VILLE DE PARIS

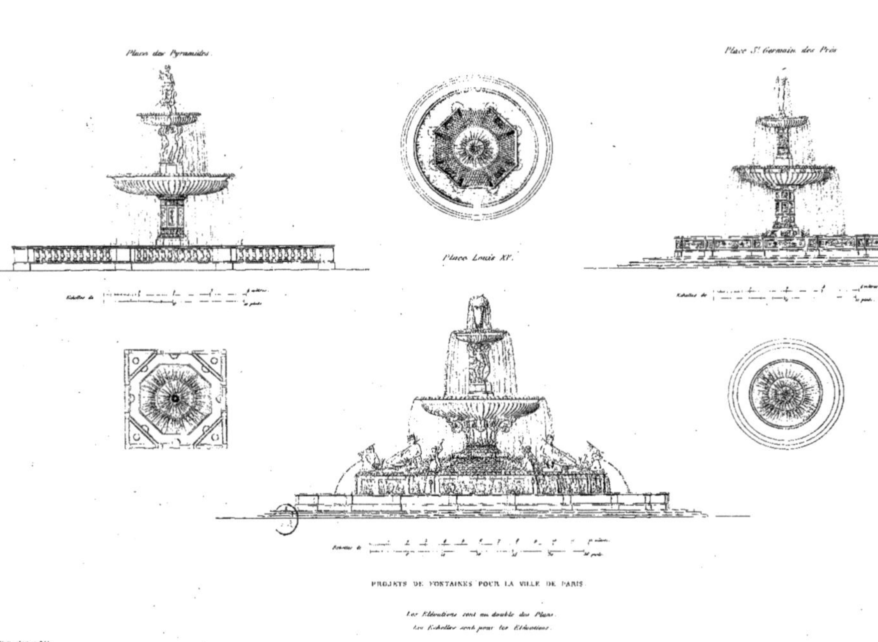

PROJETS DE FONTAINES POUR LA VILLE DE PARIS.

Les Élévations sont au double des Plans.
Les Échelles sont pour les Élévations.

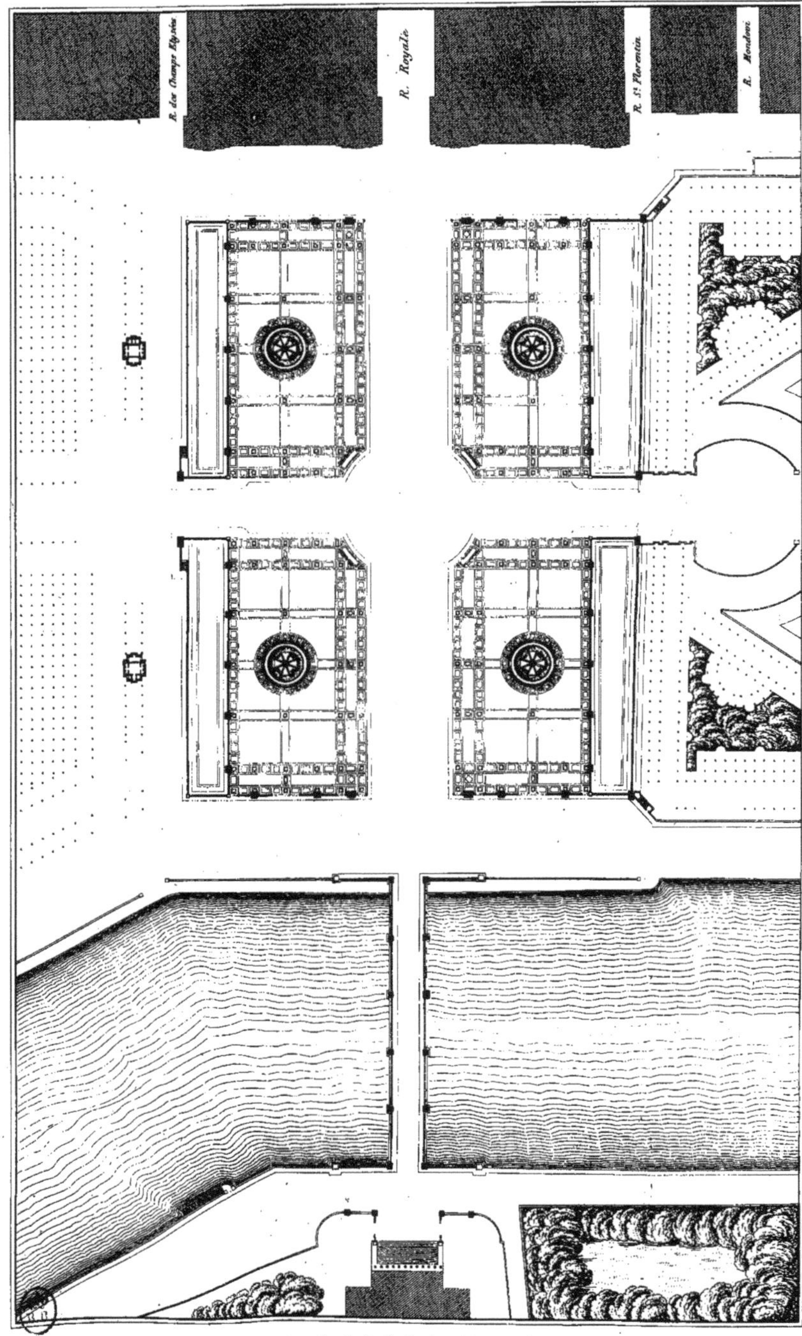

Plan adopté par le conseil municipal de la ville de Paris,
le 12 Mars 1830.

Lusson architecte, inv. & del.

EMBELLISSEMENTS DE LA PLACE LOUIS XV

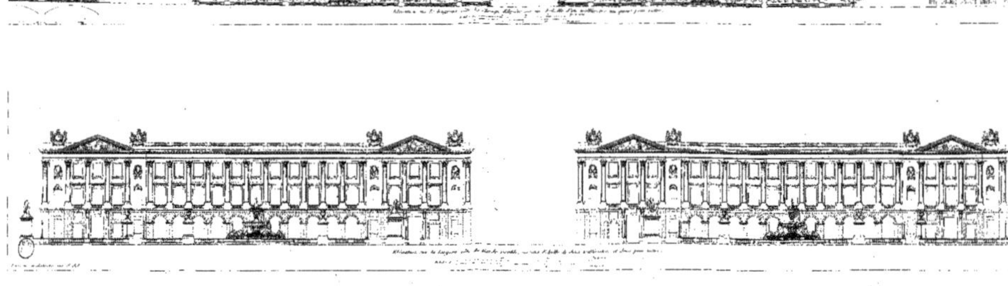

www.ingramcontent.com/pod-product-compliance
Ingram Content Group UK Ltd.
Pitfield, Milton Keynes, MK11 3LW, UK
UKHW031056260726
13965UKWH00006B/1419